D1676529

David Kitzinger

Praktische Relevanz der Behavioral Finance

Eine Untersuchung am
Beispiel von Investor Sentiment

Diplomica Verlag GmbH

Kitzinger, David: Praktische Relevanz der Behavioral Finance: Eine Untersuchung am
Beispiel von Investor Sentiment. Hamburg, Diplomica Verlag GmbH 2013

Buch-ISBN: 978-3-8428-6169-5
PDF-eBook-ISBN: 978-3-8428-1169-0
Druck/Herstellung: Diplomica® Verlag GmbH, Hamburg, 2013

Bibliografische Information der Deutschen Nationalbibliothek:
Die Deutsche Nationalbibliothek verzeichnet diese Publikation in der Deutschen
Nationalbibliografie; detaillierte bibliografische Daten sind im Internet über
http://dnb.d-nb.de abrufbar.

© Diplomica Verlag GmbH
Hermannstal 119k, 22119 Hamburg
http://www.diplomica-verlag.de, Hamburg 2013
Printed in Germany

Inhaltsverzeichnis

Abbildungsverzeichnis

Tabellenverzeichnis

Abkürzungsverzeichnis

Abb.	Abbildung
AG	Aktiengesellschaft
APT	Arbitrage Pricing Theory
Aufl.	Auflage
BGBl.	Bundesgesetzblatt
Bil.	Billion(en)
bspw.	beispielsweise
bzgl.	bezüglich
bzw.	beziehungsweise
CAPM	Capital Asset Pricing Model
CAR-Analyse	Cumulative Abnormal Return-Analyse
d.h.	das heißt
DAFOX	Deutscher Aktienforschungsindex
E/P-Ratio	Gewinn-Preis-Verhältnis
engl.	englisch
et al.	und andere
etc.	et cetera
f.	folgende
IS-Modell	Investor Sentiment-Modell
IS-Preis	Investor Sentiment-Preis
KGV	Kurs-Gewinn-Verhältnis
L.P.	Limited Partnership
LTCM	Long-Term Capital Management L.P.
MPT	Modern Portfolio Theory
Mrd.	Milliarde(n)

MS-Excel	Microsoft Excel
o.ä.	oder ähnliche(s/r)
o.V.	ohne Verfasser
PB-Modell	Pseudo Bayessches Modell
u.ä.	und ähnliche(s/r)
u.a.	unter anderem
u.v.m.	und viele(s) mehr
URL	Uniform Resource Locator
US/USA	Vereinigte Staaten (von Amerika)
vgl.	vergleiche
WACC	Weighted Average Cost of Capital
WpHG	Wertpapierhandelsgesetz
z.B.	zum Beispiel
zit.	zitiert

Symbolverzeichnis

A	Ereignis
$\overline{A}$	Ereignis Nicht-A
B	Ereignis
Div_t	Dividende in t
$E(\cdot)$	Erwartungswertfunktion
F_t	Fundamentalwert in t
G	gute Nachricht
$I_{j,t}$	Umweltfaktor j in t
$\underline{k}$	untere Wahrscheinlichkeitsgrenze
$\overline{k}$	obere Wahrscheinlichkeitsgrenze
$L(\cdot)$	Likelihoodfunktion
M	Marktportfolio
m_0	Zeitpunkt, ab dem ältere Informationen untergewichtet werden
N	Gewinn
n	Anzahl Zeitpunkte/Perioden
n_0	Zeitpunkt, ab dem neuere Informationen untergewichtet werden
P	Portfolio
P x	Periode x
$P(\cdot)$	Wahrscheinlichkeitsfunktion
$P(x|y)$	Wahrscheinlichkeit von x gegeben y
p_1	Verzerrungskonstante des Preises
p_2	Verzerrungskonstante des Preises
$P_{PB,t}$	Preis nach Pseudo Bayesschem-Modell in t

P_t	Preis in t
$\underline{q}^e$	untere Wahrscheinlichkeitsgrenze
$\bar{q}^e$	obere Wahrscheinlichkeitsgrenze
q_t	Wahrscheinlichkeit, dass man sich in Regime 1 befindet
R	Rendite
R_F	risikolose Rendite
r_t	Rendite in t
r_+^n	Rendite des Portfolios aus Unternehmen mit nur positiven Schocks in n
r_-^n	Rendite des Portfolios aus Unternehmen mit nur negativen Schocks in n
r_L^n	Rendite des Portfolios des schlechtesten Dezils in n
r_W^n	Rendite des Portfolios des besten Dezils in n
s_t	Regime in t
t	Zeitpunkt/Periode
UW	Unternehmenswert
w_i	Gewicht für i
W_t	Summe der Gewichte w_i
y_t	Schock in t
+y	positiver Schock
-y	negativer Schock
Z_t	Schock in t
z_t	Nachricht in t
β	Betafaktor
δ	Diskontzinssatz
λ_1	Regimewechselwahrscheinlichkeit von Regime 1 zu Regime 2

λ_2	Regimewechselwahrscheinlichkeit von Regime 2 zu Regime 1
μ	Erwartungswert
π_H	Wahrscheinlichkeit für zwei aufeinanderfolgende Schocks derselben Richtung in Modell 2
π_L	Wahrscheinlichkeit für zwei aufeinanderfolgende Schocks derselben Richtung in Modell 1
$\rho_{i,j}$	Korrelationskoeffizient von i und j
σ	Standardabweichung
σ^2	Varianz
$\sigma_{i,j}$	Kovarianz von i und j
€	Euro
∞	Unendlichkeit

1 Einleitung

Jeden Tag werden wir mit unzähligen neuen Informationen zur gesamtwirtschaftlichen Lage im Allgemeinen und zu bestimmten Investments im Speziellen bombardiert. Dieser Trend hat sich mit Ausbruch der Finanzkrise 2007/2008 und der darauf folgenden europäischen Schuldenkrise nochmals verstärkt. Nachrichten zu Wertpapierrenditen, Ratings, Wechselkursen und Börsenkursentwicklungen finden sich nicht mehr nur in den Finanzteilen großer Tageszeitungen und der Börsenberichterstattung der Nachrichtensender im Fernsehen. Stattdessen werden diese Themen auf Titelseiten aller Zeitungen und in den abendlichen Hauptnachrichten behandelt.[1]

Bei dieser Flut an Nachrichten ist es nicht verwunderlich, dass sogar professionelle Investoren Fehler bei der Informationsanalyse machen. Diese Fehler setzen sich dann in ihren Einschätzungen, etwa über den Wert einer Aktie, fort. Viele dieser Fehleinschätzungen beruhen auf strukturellen Defiziten bei Informationsaufnahme und –verarbeitung. Da nicht alle verfügbaren Informationen vollständig rational analysiert werden, ergeben sich irrationale Abweichungen der Bewertungen. Investoren gelangen zu anderen Einschätzungen, als es der Prototyp eines rational agierenden Investors tun würde.[2] Das Fachgebiet der Behavioral Finance befasst sich mit der Analyse dieser Abweichungen und ihrer Implikationen für das Geschehen auf den Kapitalmärkten.

Im Fokus dieser Untersuchung stehen zwei der empirisch am häufigsten nachgewiesenen Aspekte irrationalen Investorenverhaltens:[3] Unter- sowie Überreaktion[4] auf bestimmte Nachrichten. Bei Unterreaktion messen Investoren den neuen Nachrichten nicht genügend Bedeutung bei, passen ihre Bewertung des betroffenen Wertpapiers also nicht stark genug an. Überreaktion hat hingegen eine zu starke Bewertungsänderung zur Folge. Ausgelöst werden diese Effekte – vereinfacht beschrieben – durch sich häufig abwechselnde gute und schlechte Nachrichten (Unterreaktion) bzw. längere, ununterbrochene Sequenzen guter oder schlechter Nachrichten (Überreaktion).

---

[1] Vgl. Shiller (2005): 43f.

[2] Wenn in dieser Untersuchung von irrationalem Verhalten gesprochen wird, ist damit nicht-nutzenmaximierendes Verhalten gemeint. Siehe dazu Thaler (1994): 240.

[3] Lam/Liu/Wong (2010): 3.

[4] Zu beachten ist der Unterschied zum ebenfalls als „Overreaction" bezeichneten Effekt nach Aiyagari/Gertler (1998).

Dass diese Effekte durchaus aktuelle Relevanz haben, bezeugt ein Statement eines Bundesbankers betreffend der europäischen Schuldenkrise im SPIEGEL. Er sieht momentane Überreaktionen der Banken auf die unsichere Lage. Bis 2007 wäre es umgekehrt gewesen, die Investoren hätten zu optimistisch gehandelt, also eine Überreaktion auf der positiven Seite. [5]

Dieses beschriebene Investor Sentiment, auf Deutsch etwa „Investorenempfinden", ist 1998 durch Barberis, Shleifer und Vishny in einem Modell umgesetzt worden.[6] Im Verlauf dieser Untersuchung wird dieses Modell vorgestellt und untersucht, inwiefern es die empirisch erwiesene Unter- und Überreaktion nachbildet.

Dazu werden im zweiten Kapitel zunächst die Grundlagen der klassischen Kapitalmarkttheorie erläutert. Dabei wird deutlich, dass diese häufig vereinfachende Annahmen voraussetzt und bestimmte Sachverhalte vernachlässigt. Dadurch weichen die beschriebenen Modelle vielfach von empirisch beobachteten Zusammenhängen ab. Die im dritten Kapitel erläuterte Behavioral Finance versucht diese Erklärungslücken durch neue Modelle zu schließen. Sie konzentriert sich dabei auf die Abweichungen zwischen tatsächlichem Verhalten der Investoren und dem strikt rationalen Verhalten, welches die klassische Kapitalmarkttheorie unterstellt.

Das Investor Sentiment Model nach Barberis/Shleifer/Vishny, wird im vierten Kapitel ausführlich erklärt. Im Rahmen dieser Untersuchung erfolgte ebenfalls eine Implementierung des Modells.[7] Diese dient als Grundlage für die Analyse des Modells im fünften Kapitel. Dort wird außerdem eine Bewertung des Modells unter Einbeziehung relevanter Literatur und der in dieser Untersuchung gewonnenen Erkenntnisse vorgenommen. Abgeschlossen wird die Untersuchung dann mit einer zusammenfassenden Schlussbemerkung im sechsten Kapitel.

---

[5] Vgl. o.V. (2011): 54.
[6] Vgl. Barberis/Shleifer/Vishny (1998).
[7] Siehe dazu die beiliegende MS-Excel-Datei „IS-Modell.xslm".

2 Kapitalmarkttheorie[8]

Die klassische Kapitalmarkttheorie geht davon aus, dass allen Marktteilnehmern[9] jederzeit alle Informationen zur Bewertung eines Assets[10] zur Verfügung stehen. Durch diese ergibt sich ein fundamentaler oder gleichgewichtiger, fairer Preis[11] für ein Asset. Preisschwankungen sind nicht prognostizierbare, zufällige Abweichungen von diesem Wert. Im Folgenden werden diese Zusammenhänge näher erläutert sowie wichtige statische Modelle[12] der klassischen Kapitalmarkttheorie vorgestellt und deren Grenzen aufgezeigt.

2.1 Rationale Entscheider

In den Wirtschaftswissenschaften wird seit Anfang des 20. Jahrhunderts von Akteuren ausgegangen, die dem Modell des Homo Oeconomicus entsprechen.[13] Dieser „ökonomische Mensch" zeichnet sich dadurch aus, dass er rein rational handelt mit dem Ziel seinen Nutzen zu maximieren. Dies geschieht, indem er bei allen seinen Entscheidungen die Handlungsalternativen rein monetär bewertet. Die Bewertung erfolgt anhand einer individuellen Nutzenfunktion, die jedem Zuwachs oder Abgang von Vermögen einen bestimmten Nutzen zuordnet. In der Kapitalmarkttheorie wird von risikoaversen Investoren ausgegangen, deren Nutzenfunktion konkav ist. Das bedeutet, dass Investoren nicht linear denken und sich immer für die Option mit dem höchsten Vermögenszuwachs entscheiden, sondern gege-

---

[8] Der Begriff Kapitalmarkt wird in dieser Untersuchung als Oberbegriff für die Begriffe Finanz-, Kapital- und Geldmarkt verwendet.

[9] Investoren, Analysten, Market Maker (Finanzinstitutionen, die jederzeit als Handelspartner an einer Börse zur Verfügung stehen und somit die Liquidität an Börsen gehandelter Assets sicherstellen), Emittenten, Journalisten. In dieser Untersuchung werden Marktteilnehmer zusammenfassend als Investoren bezeichnet.

[10] In dieser Untersuchung wird der Begriff Asset, zu Deutsch Vermögensgegenstand, zusammenfassend verwendet für jegliche Investitionsobjekte, die einem Investor offenstehen. Dazu zählen u.a. Aktien, Firmenanteile, Anleihen, Kredite, Forderungen, Immobilien, Devisen, Sparanlagen.

[11] Da der aktuelle Kurs eines Assets immer dessen aktuellen Preis darstellt, werden die Begriffe Kurs und Preis in dieser Untersuchung synonym verwendet. Der Begriff Wert wird ebenfalls gleichbedeutend verwendet. Zu beachten ist auch, dass der Unternehmenswert (nach Marktkapitalisierung) einer Aktiengesellschaft sich immer aus dem Kurs multipliziert mit der Anzahl der ausgegebenen Aktien ergibt. Aus dem Unternehmenswert lässt sich so auf den Preis schließen. Siehe dazu Abschnitt 2.3.

[12] Nicht statische, also temporale Modelle sind nicht Gegenstand dieser Untersuchung.

[13] Die erste Erwähnung dieses Ausdrucks (in seiner englischen Übersetzung) findet sich bei Mill (1874).

3

benenfalls einen etwas geringeren Vermögenszuwachs akzeptieren, wenn damit das Risiko gesenkt werden kann.[14]

2.2 Effiziente Märkte

Grundlage aller Modelle der klassischen Kapitalmarkttheorie ist die Idee, dass die aktuellen Assetpreise alle momentan verfügbaren Informationen widerspiegeln. Dadurch besitzt kein Investor einen Wissensvorteil gegenüber anderen und ist demnach auch nicht in der Lage, bei gleichem Risiko höhere Renditen als diese zu erwirtschaften.

Die Kursverläufe kann man sich dann als einen Random Walk[15] vorstellen. Demnach sind Kursänderungen gänzlich unabhängig von vorangegangen Kursänderungen und stellen einen normalverteilten Schock Z_t mit Erwartungswert $E(Z_t)$ gleich null und einer konstanten Standardabweichung von σ_Z dar. Dieser Schock ist nicht prognostizierbar und die Kursänderungen dadurch rein zufällig. Langfristig tendieren Kurse jedoch zum Erwartungswert der Rendite des Wertpapiers.[16]

Als Konsequenz aus diesen Zusammenhängen ergibt sich, dass aktives Portfoliomanagement[17] unter diesen Umständen nicht sinnvoll ist.

Eugene Fama greift dies in seiner 1970 veröffentlichten Effizienzmarkthypothese auf.[18] Er teilt die Effizienz eines Marktes jedoch in drei Stufen von „schwach" bis „stark" ein, abhängig davon, welche Informationen bereits eingepreist sind.

Auf einem schwach effizienten Markt sind nur Informationen über Preise aus der Vergangenheit eingepreist. Assetpreise enthalten keine Zukunftsaussichten, sondern geben nur die vergangen Performance wieder. Hier ist es möglich mittels öffentlich verfügbarer Informationen, etwa über zukünftige Geschäftsabsichten von Unternehmen o.ä., Überrenditen zu erzielen. Mittelstarke Effizienz setzt voraus, dass darüber hinaus auch alle öffentlich bekannten Informationen durch den Preis ausgedrückt werden. Das heißt, nur mit Insiderinformationen ist es Investoren möglich, den Markt zu schlagen. Auf stark effizienten Märkten enthalten Prei-

---

[14] Vgl. Allingham (2002).

[15] Auf Deutsch etwa „Symmetrische Irrfahrt".

[16] Vgl. Lawler/Limic (2010): 1ff.

[17] Ständiges Evaluieren der Zusammensetzung des Portfolios und Anpassung an neuen Gegebenheiten durch Kaufen und Verkaufen von Assets. Beim passiven Portfoliomanagement hingegen wird die Zusammensetzung des Portfolios nur in größeren Abständen verändert.

[18] Vgl Fama (1970).

4

se auch alle Insiderinformationen, sodass der oben beschriebene Zusammenhang - alle momentan verfügbaren Informationen sind eingepreist - voll erfüllt ist.[19]

Auf solchen Märkten handeln Individuen nur, um die Rendite-/Risikostruktur ihres Portfolios zu verändern. Die Idee, sich einen Informationsvorsprung durch den Handelspartner bezahlen zu lassen, spielt auf stark effizienten Märkten keine Rolle.

2.3   Fundamentalwert

Discounted Cash Flows, also abgezinste Bargeldzuflüsse, wurden erstmals 1938 von John Burr Williams als eine Methode zur Unternehmenswertbestimmung erwähnt.[20] Statt zukünftige Preise vorherzusagen, stützt sich Williams auf den inneren, fundamentalen Wert eines Assets. Dabei wird versucht, die zukünftigen Zahlungsüberschüsse eines Unternehmens in jeder Periode (meist ein Jahr) bis in die unendliche Zukunft zu prognostizieren.[21] Diese werden jeweils auf den Zeitwert abgezinst und bilden dann in Summe den Unternehmenswert.

Wird ein für alle Periode einheitlicher Gewinn unterstellt und von einem ebenfalls konstanten Zins ausgegangen, lässt sich der Unternehmenswert UW als unendliche Rente berechnen als:

(1) $$UW = \frac{N}{\delta}$$ [22]

Dabei ist N der konstante Periodenüberschuss und δ der konstante Zins[23]. Häufig werden für die ersten fünf oder zehn Perioden detaillierte Prognosen erstellt, da dieser Zeitraum einigermaßen überschaubar erscheint und Planwerte vorhanden sind. Ab der sechsten oder elften Periode würde dann von einer unendlichen Rente ausgegangen, eventuell auch mit kontinuierlich steigenden Überschüssen statt konstanten.

---

[19] Vgl. Specht/Gohout (2009): 87ff.

[20] Vgl. Williams (1938): 55ff.

[21] Alternativ bis zu einem bestimmten Zeitpunkt in der Zukunft, an dem das Unternehmen liquidiert werden soll. In diesem Fall wird dann noch der abgezinste, erwartete Liquidationserlös dem Unternehmenswert hinzugerechnet.

[22] Diese Formel wird in Abschnitt 4.4.2 wieder verwendet, wobei dann der Periodenüberschuss pro Aktie verwendet wird und sich so der Aktienkurs als Ergebnis ergibt und nicht der Unternehmenswert.

[23] Als Zinssatz bietet sich der WACC an, weighted average cost of capital. Dies ist der risikoangepasste Zins für ein bestimmtes Unternehmen oder Investitionsvorhaben, der auch dessen Kapitalstruktur berücksichtigt. Siehe dazu Schierenbeck/Lister (2002): 102ff.

Der fundamentale Wert eines Assets hängt dieser Theorie folgend sehr stark von den Inputparametern ab, insbesondere dem unterstellten Zins. Auch unterstellt dieses Modell, dass alle Überschüsse den Investoren zu Gute kommen bzw. im Unternehmen verbleiben und dort konstant den Zins δ bis zur Auszahlung erwirtschaften. Trotz dieser Einschränkungen ist die auf Williams Theorie zurückgehende Fundamentalwertanalyse heute eine der wichtigsten Methoden der Unternehmensbewertung.[24]

2.4 Portfoliotheorie[25]

Williams Theory of Investement Value diente Harry M. Markowitz als Anstoß für die Entwicklung seiner Portfoliotheorie.[26] Im Mittelpunkt steht die Zusammenstellung eines optimalen Portfolios unter Diversifikationsgesichtspunkten.

2.4.1 Erwartungswert-Varianz-Kriterium

Markowitz fasst die Rendite eines Assets als eine normalverteilte Zufallsgröße auf, die durch einen Erwartungswert und die erwartete Abweichung von diesem beschrieben wird.[27] Diese Werte sind für jedes Asset oder Portfolio zu bestimmen, etwa aus historischen Werten oder durch den Vergleich mit Benchmarks. Zu beachten ist dabei aber, dass sich sowohl die zu erwartende Rendite als auch die zu erwartende Volatilität über einen längerfristigen Zeitraum in ihrer Höhe ändern können, aufgrund von strukturellen Änderungen im Umfeld[28] des Assets oder Portfolios.

Anhand dieser Daten stellen Investoren dann ein Portfolio P zusammen, das ihrer präferierten Kombination von Rendite und Risiko entspricht. Die erwartete Rendite des Portfolios $E(R_P)$ ergibt sich als gewichteter[29] Mittelwert der erwarteten Einzelrenditen $E(R_i)$ der im Portfolio enthaltenen Assets i:

---

[24] Perridon/Steiner/Rathgeber (2009): 214ff.
[25] Oft auch als Modern Portfolio Theory (MPT) bezeichnet.
[26] Vgl. Specht/Gohout (2009): 2.
[27] Dies sind der erste und zweite stochastische Moment der normalverteilten Rendite.
[28] Technisches, Wirtschaftliches, Politisches, Gesellschaftliches Umfeld sowie interne Unternehmensstrukturänderungen, bspw. Fokus auf andere Branchen, Produkte, Regionen, Kunden etc.
[29] $\sum_i w_i = 1$.

$$E(R_P) = \sum_i w_i * E(R_i)$$

Das Risiko, ausgedrückt als Varianz des Portfolios $\sigma^2{}_P$, berechnet sich ebenfalls als gewichteter Mittelwert der Einzelvarianzen $\sigma^2{}_i$, allerdings zuzüglich der Summe der gewichteten Kovarianzen[30] der einzelnen Assets i,j untereinander:

$$\sigma_P^2 = \sum_i w_i^2 * \sigma_i^2 + \sum_i \sum_{j \neq i} w_i * w_j * \sigma_i * \sigma_j * \rho_{i,j}$$

$\rho_{i,j}$ ist dabei der Korrelationskoeffizient der beiden Assets i und j.[31] An der Formel ist zu erkennen, dass die Standardabweichung eines Portfolios selbst bei perfekter Korrelation ($\rho_{i,j} = 1$), nur so groß wie der Durchschnitt der einzelnen Standardabweichungen der Assets ist. In allen anderen Fällen ist sie kleiner. Diesen Effekt bezeichnet man als Diversifikation. Das eingesetzte Kapital wird auf verschiedene Assets verteilt und somit das Gesamtrisiko gestreut.[32]

2.4.2 Portfoliooptimierung

Auch Markowitz geht von risikoaversen Investoren aus, die jeweils eine individuell unterschiedliche Bereitschaft haben, Risiko zu übernehmen. Jeder Investor verfügt über eine Nutzenfunktion, die aussagt, wie viel zusätzliche Rendite er mit einer Investition erzielen muss, um eine Einheit zusätzliches Risiko zu tragen. Ein jeder Investor optimiert seinen Nutzen so, dass er eine vorgegebene Rendite mit minimalem Risiko oder eine maximale Rendite mit vorgegebenem Risiko erzielt.

Aufgrund der oben beschriebenen Zusammenhänge ist ein Portfolio unter Diversifikationsgesichtspunkten zusammenzustellen. Dies ist allgemein akzeptiert und bildet auch heute noch die Grundlage für viele Investmententscheidungen. Insbesondere die nachfolgend genannten Modelle beziehen sich stark auf die Portfoliotheorie, die demnach als eine Grundlage für die moderne Kapitalmarkttheorie gesehen werden kann.[33]

---

[30] Diese müssen vom Investor ebenfalls ermittelt werden, häufig durch Analysen historischer Renditeverläufe,

[31] Der Korrelationskoeffizient zweier Zufallsvariablen berechnet sich aus der Kovarianz dieser Varianblen geteilt durch das Produkt ihrer Standardabweichungen: $\rho_{i,j} = \frac{\sigma_{i,j}}{\sigma_i \times \sigma_j}$.

[32] Perridon/Steiner/Rathgeber (2009): 252ff.

[33] Perridon/Steiner/Rathgeber (2009): 252ff.

2.5 Capital Asset Pricing Model

Beinahe zeitgleich aber dennoch unabhängig voneinander entwickelten Treynor, Sharpe und Lintner in den 1960ern das sogenannte Capital Asset Pricing Model (CAPM). Es stellt eine Theorie zur Bewertung von Assets im Kapitalmarktgleichgewicht dar.[34] Der Preis eines Assets ist dabei abhängig von seinem Risiko im Vergleich zum Risiko des gesamten Marktportfolios. Seine Zugänglichkeit macht das Modell zu einem wichtigen Bestandteil der klassischen Kapitalmarkttheorie.

2.5.1 Marktportfolio und Kapitalmarktlinie

Als Weiterentwicklung der Portfoliooptimierung nach Markowitz setzt auch das CAPM rationale Nutzenmaximierer als Entscheider voraus. Diese verfügen über vollständige Informationen und bewerten Alternativen nur nach erwartetem Ertrag und Risiko, sowie Korrelationseffekten. Weitere Annahmen sind beliebig teilbare Assets und die unbegrenzte Möglichkeit von Leerverkäufen[35]. Essenziel für das CAPM ist auch die Möglichkeit, Kapital unbegrenzt zu einem bestimmten Zinssatz anlegen und aufnehmen zu können.

Da alle Investoren über dieselben Informationen verfügen und ihren Nutzen maximieren, bevorzugen sie alle dasselbe Portfolio. Dieses wird auch Marktportfolio genannt[36] und enthält alle Investitionsalternativen[37], im Verhältnis ihres realen Gewichtes[38]. Darüber hinaus gesteht das CAPM den Investoren auch noch eine risikolose Anlage zu. Je nach individueller Nutzenfunktion verteilen die Investoren ihr Geld auf die risikolose Anlage und das Marktportfolio. Sie können sich

---

[34] Damit gehört das CAPM zu den Gleichgewichtsmodellen, welche die Rendite einer Investition im Marktgleichgewicht erklären. Sollte die tatsächliche Rendite eines Assets zu einem Zeitpunkt von der gleichgewichtigen Rendite abweichen, wird sie durch Preisanpassungen wieder zur Gleichgewichtsrendite zurückkehren. Im Fall, dass die tatsächliche Rendite über der gleichgewichtigen Rendite liegt, werden Investoren verstärkt dieses Asset nachfragen. Dadurch steigt der Preis des Assets und die Rendite sinkt. Dieser Prozess setzt sich solange fort, bis sich der Gleichgewichtspreis eingestellt hat. Siehe dazu Laux (2005): 117ff.

[35] Hierbei leiht sich ein Investor ein Wertpapier und verkauft es direkt. Er setzt dabei auf fallende Kurse, sodass er das Wertpapier zu einem niedrigeren Kurs erwerben kann, wenn die Leihfrist abläuft.

[36] Ebenso Tangentialportfolio, siehe nächsten Absatz zur Erklärung.

[37] Diese sind nicht limitiert auf Aktien, theoretisch sind alle möglichen Assetklassen enthalten, so z.B. Immobilien, Anleihen, Rohstoffe, Kunstwerke, Humankapital etc. Dabei sind jedoch gegebenenfalls andere Nachteile, wie beispielsweise bei Kunstwerken eine hohe Illiquidität der Assetklasse zu beachten.

[38] Wenn bspw. die Firma Muster AG an der Börse 10 Mrd. € wert ist und das gesamte Vermögen auf der Welt 100 Bil. € beträgt, würde das Marktportfolio 10 Mrd. / 100 Bil. = 0,01% Aktien der Muster AG enthalten.

aber auch zu dem risikolosen Zins verschulden und einen Anteil größer 1 ihres Vermögens in das Marktportfolio investieren. In dem Fall läge das Portfolio in der nachfolgenden Abbildung 1 rechts von M. Liegt es genau auf M, wird das gesamte Kapital in die risikobehafteten Assets investiert. Liegt das bevorzugte Portfolio auf der Kapitalmarktlinie zwischen M und R_F, entspricht es der Neigung des Inverstors einen Teil seines Kapitals risikolos zu investieren.[39]

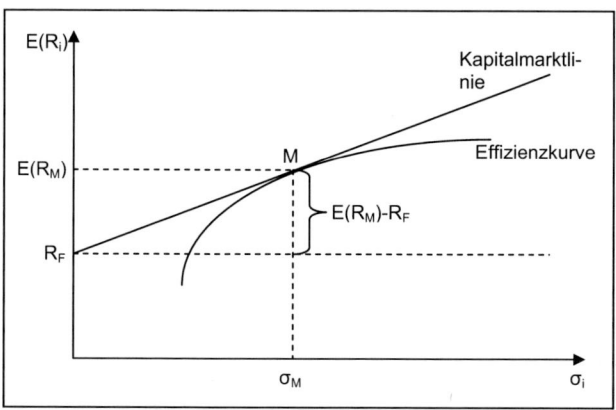

Abb. 1: Kapitalmarktlinie und Effizienzkurve (Quelle: in Anlehnung an Perridon/Steiner/Rathgeber (2009): 263)

Alle effizienten Anlagemöglichkeiten liegen auf der Kapitalmarktlinie, die die Effizienzkurve an der Stelle des Marktportfolios M tangiert. Die Steigung der Kapitalmarktlinie

$$\frac{E(R_M) - R_F}{\sigma_M}$$

wird auch als Sharpe-Ratio bezeichnet. Sie gibt die Überschussrendite an, mit der die Übernahme einer zusätzlichen Einheit systematisches Risiko[40] entlohnt wird.

Für die Kapitalmarktlinie gilt die folgende Gleichung:

$$E(R_M) = R_F + \frac{E(R_M) - R_F}{\sigma_M} \times \sigma_i$$

---

[39] Perridon/Steiner/Rathgeber (2009): 261ff.
[40] Nicht diversifizierbares Risiko. Unsystematisches Risiko kann hingegen durch Umschichtung des Portfolios wegdiversifiziert werden.

Der risikolose Zins stellt dabei eine absolute Komponente dar. Er ist die Entlohnung für die risikolose Übergabe von Kapital für eine bestimmte Zeit. Darüber hinaus wird das übernommene Risiko σ_i entlohnt, und zwar mit dem entsprechenden Marktpreis des Risikos, der Sharpe-Ratio.[41]

2.5.2 Wertpapierlinie und Beta

Da alle Assets im Marktportfolio enthalten sind, kann die Rendite eines einzelnen Assets $E(R_i)$ aus Rendite und Varianz des Marktportfolios abgeleitet werden:

$$E(R_i) = R_F + [E(R_M) - R_F] \times \frac{\sigma_{i,M}}{\sigma_M^2}$$

Die zugehörige Gerade wird als Wertpapiermarktlinie bezeichnet. Die erwartete Rendite eines Assets ergibt sich also aus dem risikolosen Zins und der erwarteten Überschussrendite des Marktportfolios multipliziert mit dem assetspezifischen Risiko. Dieses wird auch als Beta eines Assets bezeichnet. Es stellt eine wichtige Kennzahl von Investitionsalternativen dar, da es ausdrückt, wie stark die Renditen eines Assets schwanken im Vergleich zu der Rendite des Marktportfolios.

$$\beta_i = \frac{\sigma_{i,M}}{\sigma_M^2}$$

Da der risikolose Zins sowie das Marktportfolio für alle Assets denselben Wert aufweisen, ist das Beta laut CAPM die entscheidende Variable zur Bestimmung der erwarteten Rendite.[42]

---

[41] Vgl. Murschall (2007): 22ff.
[42] Perridon/Steiner/Rathgeber (2009): 265ff.

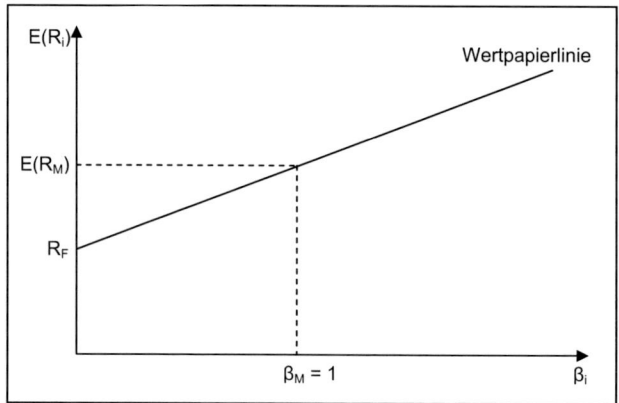

Abb. 2: Wertpapierlinie (Quelle: in Anlehnung an Perridon/Steiner/Rathgeber (2009): 267)

2.5.3 Bedeutung

Praktisch lässt sich mit dem CAPM in zwei Schritten das optimale Portfolio für einen Anleger finden. Im ersten Schritt wird das Marktportfolio bestimmt und im zweiten die persönliche Risikoneigung des Investors bestimmt.[43] Da es in der Realität aber unmöglich ist das Marktportfolio zu bestimmen und erst Recht nicht es in einem Fond o.ä. zu vereinen, greifen Finanzdienstleister auf eine Vereinfachung zurück. Unter Einbezug eines risikolosen Assets, bspw. einer Triple A gerateten[44] Anleihe, werden Portfolios mit unterschiedlich hohen Anteilen dieses Assets und dem „Marktportfolio", etwa einem nachgebildeten Index, bestückt. Je nach Risikoneigung können Investoren nun aus diesen Portfolios auswählen.[45]

Im Rahmen der klassischen Finanzmarkttheorie nimmt das CAPM bis heute eine herausragende Rolle ein. Dies ist auf seine intuitive Verständlichkeit und praktische Anwendbarkeit zurückzuführen. Dadurch ist es nicht nur für die Erklärung

---

[43] Dieser Zusammenhang wird oft auch als Tobins Seperationstherorem bezeichnet, da das Problem so in zwei Phasen separiert werden kann. Siehe dazu Specht/Gohout (2009): 110.

[44] In den Bewertungsschemata der drei bedeutendsten Ratingagenturen Moody's, Standard & Poor's und Fitch ist ein Triple A-Rating jeweils die höchste Bonitätsstufe. Sie wird gewöhnlich nur für Anleihen weniger, besonders solventer Gläubiger vergeben. Diese stellen demnach in der Realität die größte Annäherung an ein risikoloses Asset dar. Stand 07.02.2012 werden z.B. die Anleihen von 12 Staaten, darunter Deutschland, Großbritannien, Kanada und die Schweiz von allen drei genannten Agenturen mit Triple A bewertet. Siehe dazu Moody's (2012); Standard & Poor's (2012); FitchRatings (2012).

[45] Vgl. Specht/Gohout (2009): 110.

von Preisen auf Kapitalmärkten interessant, sondern wird auch allgemein bei der Bewertung von Investitionen verwendet. [46]

2.6 Arbitrage Pricing Theory

Das CAPM wird als ein Sonderfall der Arbitrage Pricing Theory (APT) bezeichnet, da es die Variation in der Rendite eines Assets als abhängig von nur einem einzigen Faktor, dem Beta, erklärt. In der allgemeinen APT nach Ross hingegen ist die Rendite eines Assets abhängig von mehreren Faktoren. Seinen Namen hat das Modell aufgrund der Annahme von absoluter Arbitragefreiheit. Da sich der alle Preise und damit der gesamte Markt im Gleichgewicht befinden, ist es nicht möglich Arbitrage[47] zu erzielen.

Es gilt:

$$E(R_{i,t}) = I_{0,t} + \sum_{1}^{J} \beta_{ij} \times I_{j,t}$$

Das heißt die erwartete Rendite eines Assets ergibt sich aus der Summe der Ausprägungen verschiedener Umweltfaktoren I_j in der Periode t, jeweils gewichtet mit den assetspezifischen Faktorsensitivitäten $\beta_{i,j}$. Der Faktor I_0 ist dabei eine absolute Größe, die alle Assets gleichermaßen beeinflusst.

Die Umweltfaktoren werden durch das Modell nicht genauer spezifiziert und müssen bei der praktischen Anwendung festgelegt werden, beispielsweise durch Regressionsanalysen oder Expertenwissen. Es ist aber davon auszugehen, dass wichtige ökonomische Größen wie der Leitzins, die Inflation, verschiedene Währungskurse u.ä. zu den Faktoren gehören.[48]

---

[46] Vgl. Specht/Gohout (2009): 108.

[47] Als Arbitrage wird eine Folge von Transaktionen bezeichnet, bei der ein Investor in Summe kein Kapital einsetzt und eine Rendite erzielt ohne dabei Risiko ausgesetzt zu sein. Wird bspw. dasselbe Asset an zwei unterschiedlichen Märkten gehandelt, müssen die Preise dort ebenfalls dieselben sein. Andernfalls könnte das Asset auf dem einen Markt günstig eingekauft und auf dem anderen direkt teurer wieder verkauft werden. Solche Transaktionen werden von Arbitragehändler ausgeführt. Dabei nutzen sie Marktineffizienzen aus und sorgen so dafür, dass die Assetpreise zu ihrem fairen Wert tendieren. Siehe dazu Perridon/Steiner/Rathgeber (2009): 274ff.

[48] Vgl. Harrington (1987): 202ff.

2.7   Grenzen der klassischen Theorie

Die vorgestellten Ideen zur Erklärung von Anlegerverhalten und Preisbildung auf Kapitalmärkten fußen auf vielen Vereinfachungen und empirisch widerlegten Annahmen. Ein ausschlaggebender Grund dafür ist die Vorstellung rein rational handelnder Akteure. Diese Unterstellung aller Elemente der klassischen Kapitalmarkttheorie wurde in zahlreichen empirischen Studien und Untersuchungen als nicht zutreffend befunden. Vielmehr handeln Individuen häufig irrational, was ein wichtiger Grund für die Preisschwankungen an Kapitalmärkten ist. Neben dem falsch eingeschätzten Investorenverhalten gibt es noch weitere Gründe für das Versagen der klassischen Theorie als Vorhersage für die Geschehnisse an Kapitalmärkten. Im Folgenden werden auch diese Gründe, welche häufig auf die Modellierung der klassischen Ideen zurückzuführen sind, kurz vorgestellt.

2.7.1   Modellierung

Die Varianz von Renditen ist das Standard Risikomaß der klassischen Kapitalmarkttheorie. Dahinter steckt die Überlegung, dass ein risikoaverser Investor ein Asset umso schlechter bewertet, je höher die erwartete Abweichung von der erwarteten Rendite ist.[49] Diese Überlegung ist aber geradezu paradox, da ein unterstellt rationaler Investor eine positive Abweichung vom Erwartungswert begrüßen sollte. Es wäre also sinnvoller nur die negative Seite der Abweichungen zu betrachten, um das Verhalten und die Einschätzungen des downsideaversen Investors der Realität erklären zu können.[50]

Betreiben Investoren strikte Portfoliooptimierung nach dem in Abschnitt 2.4 geschilderten Ansatz, hat dies zur Folge, dass einige Assets vom Markt überbewertet werden. Diese Assets wären individuell betrachtet keine lohnenswerte Investition, helfen aber sehr dabei, ein durchschnittliches Portfolio zu diversifizieren und werden daher stark nachgefragt.[51]

Von geringerer Bedeutung für die Aussagekraft der vorgestellten Theorien ist der Aspekt, dass Steuern sowie Transaktionskosten nicht berücksichtigt worden sind. Dies ist üblich, um die Darstellung relativ unkompliziert zu halten. Erweiterungen

---

[49] Die „erwartete Abweichung von der erwarteten Rendite" ist die Standardabweichung der Rendite.
[50] Vgl. Sortino/Price (1994).
[51] Vgl. Forbes (2010): 123f.

der Theorien, die diese Themen beinhalten, führen zu anderen optimalen Portfolios und Assetpreisen. An der generellen Aussage der Modelle ändert sich jedoch nichts.[52]

2.7.2 Investorenverhalten

Wie fast alle ökonomischen Modelle arbeiten auch diejenigen der Kapitalmarkttheorie mit der Annahme rational handelnder Akteure. Dies stellt eine häufig kritisierte und vielfach als falsch bewiesene Vereinfachung der menschlichen Denkweise dar. Der „Homo oeconomicus", ein jederzeit nutzenmaximierendes Individuum, existiert nur in der Theorie.[53]

Der komplette Prozess der Entscheidungsfindung wird durch irrationale Wahrnehmungen verzerrt. So verfügen keineswegs alle Akteure über vollkommene Informationen, sondern ein jeder hat unterschiedliche Zugänge und Kapazitäten relevante Informationen zu erhalten und zu verarbeiten. Auch bei der Beurteilung von Informationen ergeben sich große Unterschiede zwischen den Individuen, sodass sie selbst mit identischer Nutzenfunktion zu unterschiedlichen Entscheidungen kommen würden.[54]

Die gewonnen Informationen werden selten objektiv bewertet, sondern eher mit persönlichen Erfahrungen und Erwartungen verknüpft. All diese Irrationalitäten und Unvollkommenheiten führen dazu, dass kein menschlicher Investor rein rationale Entscheidungen trifft und somit alle Preise auf Aktienmärkten eben nicht nach den Modellen der Kapitalmarkttheorie erklärt werden können. Sondern es bedarf dazu anderer Methoden und Ansätze, die allgemein unter dem Thema Behavioral Finance zusammengefasst werden und in Kapitel 3 näher erläutert werden.[55]

Desweiteren haben Investoren bei der Bewertung von Assets nicht nur Rendite und Risiko im Blick, sondern beachten bei der Zusammenstellung ihres Portfolios auch immaterielle persönliche Ziele. Dies könne z.B. Steigerung des Selbstwertgefühls oder das finanzielle Mithalten mit Kollegen oder Bekannten sein. Wie

---

[52] Vgl. Murschall (2007): 36f.
[53] Vgl. Murschall (2007): 32ff; Teigelack (2009): 88ff; Averbeck (2010): 11ff; Pelzmann (2010): 5ff.
[54] Vgl. Murschall (2007): 32ff; Averbeck (2010): 11ff.
[55] Vgl. Teigelack (2009): 90ff.

sich strukturell das Niveau von Risiko und Rendite ändern, können sich die erwähnten persönlichen Investorenpräferenzen ebenfalls auf lange Sicht verschieben.[56]

Nicht zuletzt kann irrationales Verhalten auch auf die Komplexität der Prozesse und Informationen in Bezug auf Kapitalmärkte allgemein sowie einzelne Assets im Besonderen, zurückzuführen sein. Viele Investoren sind schlicht überfordert mit der korrekten, rationalen Bewertung von Assets.[57]

2.7.3 Bedeutung für moderne Finanzwissenschaft

Bei der Evaluierung der klassischen Kapitalmarkttheorie besteht ein grundsätzliches Problem, bekannt unter dem Name „Joint Hypothesis Problem". Die empirisch beobachteten irrationalen Abweichungen können auf zwei Aspekte zurückgeführt werden. Entweder ist die Annahme effizienter Märkte falsch oder aber die Annahmen über Investorenverhalten sind falsch. Die Empirie kann keine Zuordnung übernehmen, also besteht die Notwendigkeit die beobachteten Abweichungen durch neue Theorien zu erklären.[58]

Nach den klassischen Theorien befinden sich die Preise auf Kapitalmärkten immer im Gleichgewicht und die beobachteten Schwankungen entstehen rein zufällig nach dem Modell des Random Walk. Sie können also nicht vorhergesagt werden noch haben sie langfristige strukturelle Auswirkungen auf Rendite und Risiko und damit den Preis eines Assets. Da irrationales Investorenverhalten aber empirisch nachgewiesen wurde, ist davon auszugehen, dass die Preisschwankungen nicht komplett zufällig sind sondern eine strukturelle Komponente beinhalten. Die sich damit befassende Wissenschaft ist die Behavioral Finance, auf welche im nächsten Kapitel näher eingegangen wird.[59]

---

[56] Vgl. Wahren (2009): 38ff und 193ff.

[57] Vgl. Simon et al. (1992): 3ff; Pelzmann (2010): 11ff.

[58] Vgl. Campbell/Lo/MacKinlay (1997): 24.

[59] Neben den auf verhaltenswissenschaftliche Aspekte zurückzuführenden Abweichungen vom Fundamentalwert sind weitere Anomalien empirisch nachgewiesen. Diese sind häufig auf bilanzielle Kenzahlen zurückzuführen, wie Kapitalstruktur, Unternehmensgröße oder Kurs-Gewinn Verhältnis. Auch zu bestimmten Zeitpunkten sind Anomalien nachgewiesen, so sind Renditen im Januar durchschnittlich höher als in anderen Monaten. Da diese Abweichungen aber nicht zur Behavioral Finance gehören werden sie in dieser Untersuchung nicht weiter besprochen. Siehe dazu Stock (2002): 90ff.

Aufgrund der oben geschilderten Zusammenhänge ist es daher für Investoren nicht entscheidend den korrekten fairen Wert eines Assets zu ermitteln. Stattdessen ist es wichtig vorherzusagen, wie die anderen Investoren das betroffene Asset einschätzen, da sich aus diesen Meinungen der tatsächliche Preis ergibt. Befürworter der klassischen Theorie halten dem entgegen, dass sich die irrationalen Abweichungen in den Bewertungen einzelner durch das Gesetz der großen Zahl in Summe aufheben. Daher sei der aktuelle Marktpreis der fundamentale Wert eines Assets. Die Pleite des Investmentfonds LTCM im Jahr 2000 kann aber als Beispiel für die Unberechenbarkeit von Kapitalmarktpreisen dienen. LTCM setzte in großem Ausmaß auf statistische Analysen zur Ermittlung von rentablen Investitionsobjekten. Nach herrschender Meinung verloren sie darüber aber die Stimmungslage der anderen Investoren aus den Augen und scheiterten spektakulär.[60] Passend dazu ist auch folgendes Zitat von John M. Keynes: „Markets can remain irrational longer than you can remain solvent".[61]

Schlussendlich liefert der stochastische Ansatz der Kapitalmarkttheorie nur Erklärungsversuche zur Wahrscheinlichkeit von Preisschwankungen. Die Erforschung der Ursachen für die Schwankungen bleibt jedoch auf der Strecke, was oftmals Anlass zur Kritik an der Ökonomie als Wissenschaft hervorruft. Das Finanzkrisen bzw. das Platzen von Spekulationsblasen so selten vorhergesagt werden, liegt nicht zuletzt daran, dass diese unwahrscheinlichen Ereignisse in den klassischen Modellen so gut wie nicht vorkommen.[62]

In der ökonomischen Ausbildung sowie der Populärliteratur zu Kapitalmarktthemen[63] spielen die traditionellen Modelle dennoch weiterhin eine wichtige Rolle und werden als essentiell für das Verständnis der Preisbildung und des Verhaltens von Anlegern an Kapitalmärkten gesehen.

---

[60] Vgl. Averbeck(2010): 13.
[61] Vgl. Keynes (1936): (zit. nach Averbeck (2010): 13).
[62] Vgl. Hubbard (2009): 67.
[63] Börsenratgeber, Finanznachrichten etc.

3 Behavioral Finance

Die Diskrepanz zwischen dem in der klassischen Kapitalmarkttheorie angenommenen Investorenverhalten und dem tatsächlich beobachteten stellt das Thema der Behavioral Finance dar. In diesem Fachgebiet wurden zahlreiche Erklärungen und Modelle entwickelt, die das heutige Verständnis von den Vorgängen an Kapitalmärkten prägen.

3.1 Grundlegende Ideen

Die im letzten Kapitel aufgezeigten Schwachpunkte der klassischen Kapitalmarkttheorie sind häufig auf das irrationale Verhalten von Investoren zurückzuführen. Die Behavioral Finance befasst sich damit, wiederkehrende Muster in diesem Verhalten aufzudecken und zu erklären. Als Wissenschaft kann sie als Schnittmenge zwischen Psychologie, Soziologie und Finanzwirtschaft verstanden werden.[64]

Die ersten Aufsätze, die sich mit Themen der Behavioral Finance beschäftigten, erschienen in den USA in den sechziger Jahren des 20. Jahrhunderts. Es waren in den Anfängen hauptsächlich Soziologen und andere Gesellschaftswissenschaftler die auf dem Gebiet der Behavioral Finance tätig waren. Nur wenige Wirtschaftswissenschaftler widmeten ihre Forschung diesem Thema. Als Pioniere gelten vor allem die beiden Israelis Daniel Kahneman und Amos Tversky sowie der US-Amerikaner Richard Thaler.[65]

Zu den immer wiederkehrenden Themen der Behavioral Finance gehören neben irrationalem Verhalten insbesondere die Heterogenität von Einschätzungen und Vorlieben der Investoren. Dies führt bei Assetbewertungen einzelner Investoren zu massiven Abweichungen vom Fundamentalwert. In Summe werden diese Verzerrungen als „white noise" und die irrationalen Investoren als „noise trader" bezeichnet. Demgegenüber stehen die professionellen Händler und Analysten, welche annähernd rational handeln. Durch den großen Einfluss der noise trader gibt es Arbitragemöglichkeiten für diejenigen Investoren, die die systematischen Ab-

---

[64] Die Behavioral Finance bildet damit ein Teilgebiet der Behavioral Economics, die sich mit menschlichem Verhalten in jeglichen wirtschaftlichen Situationen, nicht nur auf Kapitalmärkten, beschäftigt.

[65] Vgl. Forbes (2010): 1ff.

weichungen verstehen und vorhersagen können.[66] Die technische Analyse von Kursverläufen hat ebendies zum Ziel. Im Gegensatz zur Fundamentalanalyse wird dabei nicht versucht, den inneren, fairen Wert eines Assets zu ermitteln, sondern es werden dabei Informationen über die zukünftige Entwicklung aus Kursverläufen und deren Trends extrahiert.[67]

3.2   Wichtige Erkenntnisse

Im Folgenden werden einzelne Theorien der Behavioral Finance vorgestellt, die wesentliche Fortschritte auf diesem Gebiet darstellten. Dazu zählt die sich mit Nutzenfunktionen beschäftigende Prospect Theory ebenso wie mehrere Ansätze den individuellen Nutzen um nicht monetäre Größen zu erweitern. Auch irrationale Verzerrungen bei der Informationsanalyse durch Vereinfachungsmechanismen des menschlichen Verstandes oder fehlendes statistisches Verständnis sind Gegenstand der Behavioral Finance.

3.2.1 Prospect Theory

Die angesprochenen Kahneman und Tversky veröffentlichten 1979 unter dem Namen „Prospect Theory" eine vielbeachtete Arbeit zum Thema Nutzenfunktionen.[68] In empirischen Untersuchungen stellten sie fest, dass die Nutzenfunktionen ihrer Versuchsobjekte S-förmig sind. Das bedeutet, Verluste werden stärker negativ bewertet als betragsmäßig gleiche Gewinne.

Auch beobachteten sie, dass bei der Abwägung von Alternativen die Eintrittswahrscheinlichkeiten umgedeutet wurden, um einfacher verarbeitet werden zu können. So werden niedrige Eintrittswahrscheinlichkeiten konsequent überbewertet. Sicherheit, also Optionen mit 100% Eintrittswahrscheinlichkeit, werden überproportional bevorzugt gegenüber Optionen mit demselben Erwartungswert aber inhärenter Unsicherheit.

Desweiteren fiel Kahnemann und Tversky bei ihren Forschungen auf, dass die Formulierung des Problems Einfluss auf die bevorzugten Alternativen hat. Durch dieses Verhalten werden systematische Fehler bei der Beurteilung ökonomischer

---

[66] Vgl. Shleifer (2000): 28ff; Averbeck (2010): 13ff; Forbes (2010): 119ff.
[67] Siehe dazu Murphy (2004).
[68] Vgl. Kahneman/Tversky (1979).

Alternativen gemacht. Als Schluss aus diesen und anderen Erkenntnissen gilt, dass die traditionelle Kapitalmarkttheorie ein normatives Modell sei, die Prospect Theory hingegen deskriptiv.[69] Deswegen ist das Modell des Homo Oeconomicus ungeeignet den durchschnittlichen Investor zu erklären, sondern zeigt eher, wie der beste Investor sich verhalten würde.[70]

3.2.2 Beweggründe für Entscheidungen

Zur Entscheidungsfindung beziehen Individuen laut der Behavioral Finance nicht nur monetäre Werte ein. Vielfach richten sie ihre Entscheidung danach aus, zukünftiges Bedauern zu minimieren. Dieses als „regret avoidance" bezeichnete Phänomen besagt, dass die Opportunitätskosten einer Entscheidung eine wichtige Rolle spielen. Dies ist auch ein Grund – neben der S-förmigen Nutzenfunktion – warum Investoren sichere Alternativen gegenüber unsicheren mit etwas höherem Erwartungswert bevorzugen. Sie wollen das Bedauern, die sichere Alternative nicht gewählt zu haben, im Fall, dass die gewählte unsichere Alternative Ergebnisse unterhalb des Erwartungswertes realisiert, vermeiden. Andererseits führt dies auch zu trendverstärkenden Effekten, wenn Investoren in von Medien, Analysten oder Bekannten gepushte Assets investieren. Dabei findet dann keine eingehende Analyse des Assets statt sondern es wird allein investiert um an den vorhergesagten Kursanstiegen zu partizipieren. Die Hauptmotivation stellt wieder die Angst vor dem Bedauern, diese Anstiege zu verpassen, dar.[71]

Häufig beziehen Individuen auch vergangene Ausgaben in ihre Entscheidungsfindung mit ein. Solche Kosten werden als „sunk costs" bezeichnet. Sie sind in der Vergangenheit entstanden und lasen sich daher nicht mehr rückgängig machen. Demnach sind sie für die Gegenwart oder Zukunft betreffende Entscheidungen irrelevant. Ein Beispiel für sunk costs wären Aufwendungen für ein bereits gestartetes Projekt über dessen Zukunft nun entschieden werden soll.[72]

---

[69] Vgl. Thaler (1994): 4.

[70] Vgl. Thaler (1994): 22.

[71] Vgl. Murschall (2007): 91ff. Je mehr über dieses Asset berichtet wird und je größer die Anstiege in der kurzfristigen Vergangenheit waren, desto stärker wirkt dieser Effekt. Auch das Bedauern eine Investment verpasst zu haben, welches viele Bekannte getätigt haben, versuchen Investoren möglichst zu vermeiden.

[72] Vgl. Arkes/Ayton (1999).

Eine weitere Erkenntnis der Behavioral Finance ist, dass Personen in Tests zu monetären Entscheidungssituationen schlechter abschnitten, wenn sie gewisse Anreize bekamen eine möglichst gute Entscheidung zu finden. Schlechter abschneiden bedeutet in diesem Fall, irrationaler zu handeln als Personen ohne Anreize. Die in Folge des erhöhten Anreizes zusätzlich aufgewendete Konzentration auf das Problem, führt demnach nicht zu besseren Entscheidungen, sondern fördert sogar den Hang zu irrationalem Handeln.[73]

3.2.3 Selbsttäuschung

Im Vorfeld von Entscheidungen begehen Individuen häufig Fehler bei der Informationsverarbeitung. Dies geschieht in Folge von versuchter Komplexitätsrestriktion. Beim „Framing" geben das Format und die Reihenfolge der aufgenommenen Informationen einen wichtigen Ansatz für die zu treffende Entscheidung. Folgender Versuch verdeutlicht den Framing-Effekt:

Studenten werden gebeten eine Strategie zur Bekämpfung einer plötzlich ausgebrochenen Seuche auszuwählen. Voraussichtlich werden 600 Menschen an ihr sterben. Strategie A kann aber sichere 200 Leben retten. Bei Strategie B besteht mit Wahrscheinlichkeit von einem Drittel die Chance alle 600 Leben zu retten, mit Wahrscheinlichkeit von zwei Dritteln müssen aber alle Erkrankten sterben. Eine andere Gruppe von Studenten sollte zwischen Strategie C, sicherer Tod von 400 Menschen, und Strategie D, bei der mit Wahrscheinlichkeit von einem Drittel niemand, mit Wahrscheinlichkeit von zwei Dritteln jedoch alle 600 sterben werden, auswählen.

Zwischen den Strategien A und C bzw. B und D besteht jeweils kein inhaltlicher Unterschied. Aufgrund der unterschiedlichen Formulierung entschieden sich in der ersten Gruppe jedoch 72% für Strategie A, in der zweiten Gruppe aber nur 22% für Strategie C.[74]

Bei Entscheidungen über die Verwendung ihres Vermögens, bspw. für Investitionen, greifen Individuen häufig auf den Vereinfachungsmechanismus des „Mental Accounting" zurück. Sie verwalten ihr Vermögen mental in unterschiedlichen Konten, deren Guthaben jeweils für gewisse Zwecke bestimmt ist. Die Einteilung

---

[73] Vgl. Thaler (1994): 156.
[74] Vgl Kahneman/Tversky (2000): 4f.

erfolgt dabei nach der Herkunft des Geldes, etwa selbst unter Anstrengung erarbeitet, unverhofft erhalten oder in Verbindung mit einem bestimmten Ausgabezweck zugeflossen. Je nach Konto gilt ein unterschiedliches Verhältnis zu Risiko und Renditeanspruch.[75]

Investoren, wie auch andere Individuen, neigen zu übermäßigem Selbstbewusstsein. Sie überschätzen konsequent ihre Fähigkeiten, was vielfach zu irrationalem Handeln führt. Dieser als „Overconfidence" bekannte Effekt lässt Investoren ihre Einschätzungen über die Wahrscheinlichkeiten von zukünftigen Kursentwicklungen eines Assets und damit dessen Wert, als realistischer ansehen, als sie es - rational betrachtet - sind. Dadurch fühlen sie sich verstärkt zum Handeln aufgefordert. Ihren vermeintlichen Informationsvorsprung in Transaktionen umzusetzen erscheint diesen irrationalen Investoren rentabel. Empirische Untersuchungen haben gezeigt, dass besonders professionelle Kapitalmarktakteure von übermäßigem Selbstbewusstsein betroffen sind.[76]

Sehen Individuen ihre Einschätzung, etwa bzgl. der Bewertung eines Assets, durch neue Informationen bestätigt, führen sie dies häufig auf ihre eigene Kompetenz zurück. Ihre bisherige Einschätzung war demnach korrekt, da sie mit ihrem besonderen Können und Verstand die alten Informationen richtig bewertet haben. Widersprechen die neuen Informationen hingegen der bisherigen Einschätzung, wird die eigene Kompetenz nicht in Frage gestellt sondern die neuen Informationen als unwichtig abgetan. Dieser Effekt der Behavioral Finance wird als „Self-Attribution Bias" bezeichnet.[77]

3.2.4 Fehlinterpretation von Informationen

Das unter dem Name „Gambler's Fallacy" bekannte Phänomen, besagt, dass je länger ein negativer Trend an den Kapitalmärkten andauert, desto wahrscheinlicher erscheint irrationalen Investoren ein positives Ergebnis. Dies ist ein Verhalten, welches auch bei Glücksspielern (Gamblers) beobachtet werden kann. Bleibt etwa die Kugel beim Roulette mehrmals hintereinander auf einer roten Zahl liegen, erwarten irrationale Spieler beim nächsten Spiel eher schwarz als nochmals rot. Sie vergessen dabei, dass jedes Spiel unabhängig von den Vorherigen ist und

---

[75] Vgl. Murschall (2007): 77f.
[76] Vgl. Kahneman/Slovic/Tversky (1982): 287ff.
[77] Vgl. Miller/Ross (1975): 231ff.

die Verteilung rot/schwarz nach dem Gesetz der großen Zahl nur über lange Zeiträume zwingend annähernd ausgeglichen ist. Derselben Fehleinschätzung unterliegen Investoren im oben beschriebenen Fall.[78]

Ebenfalls mit Trends in Kursverläufen beschäftigt sich die „Feedback Theory". Sie besagt, dass auf Kursanstiege, aufgrund der gestiegenen Erwartungen, weitere Kursanstiege folgen. An einem bestimmten Zeitpunkt aber realisieren Investoren, dass ihre Erwartungen überzogen waren. Dies hat dann einen plötzlichen Kurseinbruch bzw. Crash zur Folge. Diese Entwicklung funktioniert genauso auch in die negative Richtung.[79]

3.3 Heutige Bedeutung

Die Behavioral Finance leistet einen wichtigen Beitrag, um die Lücke zwischen der klassischen Kapitalmarkttheorie und der Realität an den Kapitalmärkten zu schließen. Ihre Modelle und Ansätze liefern Erklärungen zum Verhalten von Investoren in bestimmten Situationen unter bestimmten Voraussetzungen. Viele Erkenntnisse der Behavioral Finance sind hinreichend empirisch belegt und in der Wissenschaft akzeptiert. Da es sich um einen noch relativ jungen Zweig der Ökonomik handelt, werden viele Theorien ständig weiterentwickelt und neue Aufsätze veröffentlicht.[80]

Im Gegensatz zur klassischen Kapitalmarkttheorie gibt es allerdings kein eingängiges Modell wie das CAPM, welches eine vollständige Erklärung für Investorenverhalten und Preisbildung an Kapitalmärkten liefert. Die Theorien der Behavioral Finance beschäftigen sich meist nur mit einzelnen Teilaspekten. Ihre Theorien überschneiden sich demnach häufig indem sie unterschiedliche Erklärungen für den betrachteten Aspekt bieten. Nur wenige Modelle besitzen die allgemeine Akzeptanz wie die Prospect Theory für Nutzenfunktionen.

Daher kann die Behavioral Finance eher als Ergänzung der klassischen Kapitalmarkttheorie gesehen werden, denn als ihr Gegenentwurf. So werden einige strukturelle und dauerhafte Abweichungen vom fairen Preis festgestellt, welche aber nicht zwingend Markteffizienz bedeuten. Sie können auf die Irrationalität und Inkompetenz der handelnden Individuen zurückgeführt werden. Über längere

---

[78] Vgl. Kahneman/Slovic/Tversky (1982): 23ff.
[79] Vgl. Shiller (2005): 70f.
[80] Zu einer Übersicht aktueller Themen der Behavioral Finance seit 1990 siehe Sewell (2012).

Zeiträume realisieren diese möglicherweise ihr Verhalten und korrigieren ihre Fehleinschätzungen. Die Folgen davon sind als Börsencrashs zu beobachten. Über diesen Weg kehren Preise wieder zu ihrem fairen Wert zurück und bringen den Markt ins Gleichgewicht.[81]

---

[81] Vgl. Shleifer (2000): 184ff.

4 Investor Sentiment nach Barberis, Shleifer und Vishny

Assetpreise die persönliche Einstellungen der Investoren beinhalten, widersprechen der klassischen Kapitalmarkttheorie. Solche Preisverzerrungen stellen aber eine wichtige Idee der Behavioral Finance zu Erklärung irrationalen Investorenverhaltens dar. Im Folgenden werden Ergebnisse empirischer Untersuchungen zu diesen Zusammenhängen erläutert und ein Modell vorgestellt, welches diese Ergebnisse quantifiziert.[82]

4.1 Einordnung in Behavioral Finance

Die Abweichungen von rationalem Denken und Handeln lassen sich in der Behavioral Finance auf zwei Ebenen feststellen. Die verzerrte Wahrnehmung sowie das irrationale Analysieren und Bewerten von Informationen wird durch vorstellungsgestützte Modelle beschrieben und erklärt. Zu dieser Art von Modellen gehört auch das im Folgenden thematisierte Investor Sentiment-Modell. Die zweite Ebene beschäftigt sich mit Entscheidungen unter Risiko und den Abweichungen von der klassischen Erwartungsnutzentheorie nach von Neumann und Morgenstern[83].[84]

4.2 Empirische Beobachtungen

Eine Reihe von Studien zum Thema der Preisbildung an Aktienmärkten hat ergeben, dass die beobachteten Preise vom fairen/fundamentalen Preis abweichen.[85] Das bedeutet, dass Investoren die Aktie entweder über- oder unterbewerten. Barberis/Shleifer/Vishny konzentrieren sich in dem betrachteten Paper auf den Einfluss von Gewinnankündigungen auf die Rendite[86] eines Wertpapiers. Sie wei-

---

[82] Im weiteren als „IS-Modell" bezeichnet.

[83] Vgl Neumann/Morgenstern (2007).

[84] Vgl. Barberis/Thaler (2003): 1065; Murschall (2007): 99.

[85] Vgl. Barberis/Shleifer/Vishny (1998): 308. Siehe dazu die in Fußnote 3 angegebenen Quellen.

[86] Am Markt zu beobachten sind für Aktien immer Kurse, also aktuelle Marktpreise (P_t). Die Rendite bezieht sich immer auf einen Zeitraum $[t-1, t]$ und berechnet sich aus der relativen Preisänderung zuzüglich Dividenden für den betrachteten Zeitraum (Div_t):

Rendite in $t = \frac{(P_t + Div_t) - P_{t-1}}{P_{t-1}}$

Eine Änderung des Preises eines Wertpapiers wirkt sich demnach immer direkt auf die Rendite aus. Ein Kursanstieg führt zu einer höheren Rendite und ein Kursverlust zu einer niedrigeren Rendite.

sen nach, dass auf Gewinnankündigungen folgende, positive oder negative Schocks zu verzerrten Preisen führen.

Im Detail stellen sie zwei verschiedene Effekte fest, Unter- und Überreaktion. Diese beiden Phänomene widersprechen der Hypothese des effizienten Marktes. Durch die irrationale Bewertung der durch die Gewinnankündigungen gewonnenen Informationen bilden sich Preise, die vom Fundamentalwert des Assets abweichen.

Im Rahmen des Papers werden gute Nachrichten verstanden als Gewinnankündigungen, die höher als erwartet ausfallen. Schlechte Nachrichten bedeuten, die Erwartungen an die Gewinnankündigung wurden nicht erfüllt. Bei ihren empirischen Untersuchungen konzentrieren sich Barberis/Shleifer/Vishny zwar auf die Auswirkungen von Gewinnankündigungen, die gleichen Effekte können aber auch für andere, die Aktienkurse beeinflussende, Nachrichten beobachtet werden.[87]

4.2.1 Unterreaktion

Unterreaktion ist für einen Zeitraum zwischen ein und zwölf Monaten nach Veröffentlichung der Nachricht zu beobachten. In dieser Zeit gilt eine positive Autokorrelation der Renditen von Wertpapieren. Das heißt, die Renditen folgen nicht einem Random Walk sondern sind statistisch abhängig von den vorangegangenen Werten.[88]

Auf einem effizienten Markt würde gelten, dass in dem Moment, wo eine Nachricht veröffentlicht wird, alle Investoren diese korrekt bewerten und ihr Kapital dementsprechend neu verteilen. Das heißt die Preise der betroffenen Assets ändern sich in dem Moment und die neuen Informationen sind demnach eingepreist.[89] Angenommen in den nächsten Perioden würden keine neuen, das betrachtete Unternehmen betreffende, Informationen[90] mehr bekannt, sollte der Preis

---

[87] Vgl. Barberis/Shleifer/Vishny (1998): 312f; Guo (2002): 136.

[88] Vgl. Barberis/Shleifer/Vishny (1998): 308.

[89] Der Begriff „Moment" sollte hier nicht wörtlich verstanden werden, sondern es ist vielmehr eine kurze Zeitspanne gemeint, die aufgrund technischer und auch menschlicher Beschränkungen bei Informationsverarbeitung und Transaktionsdurchführung, entsteht.

[90] Dies sind nicht nur Gewinnankündigungen sondern jegliche Neuigkeiten, die irgendwie Auswirkungen auf den Gewinn des Unternehmens haben. Z.B. Konjunkturdaten, Informationen zu Konkurrenten, Zinsänderungen, Währungsschwankungen u.v.m.

konstant bleiben. Da es sich aber in der Realität um keine effizienten Märkte handelt, stellen Barberis/Shleifer/Vishny Unterreaktion auf neue Informationen fest.[91]

Werden Nachrichten in „gute" ($z_t = G$) und „schlechte"($z_t = B$) klassifiziert, bedeutet Unterreaktion, dass die durchschnittliche erwartete Rendite eines Assets E(r) in der auf eine gute Nachricht folgenden Periode höher ist, als die Rendite in der auf eine schlechte Nachricht folgenden Periode. Oder formal:

$$(2) \qquad E(r_{t+1}|z_t = G) > E(r_{t+1}|z_t = B)$$

Das volle Ausmaß der Informationen einer Nachricht wird also von den Investoren nicht sofort realisiert und eingepreist. Stattdessen haben die Informationen noch Auswirkungen auf die folgenden Perioden, wo gute Nachrichten zu höheren Renditen führen als schlechte.[92]

Quantitativ wird Unterreaktion bspw. von Bernard und Thomas als Autokorrelation zwischen den Veränderungen der Quartalsgewinne mehrerer aufeinanderfolgender Quartale beziffert.[93] Sie betrachten dabei die Steigerung bzw. Minderung des Gewinns in Quartal t, bezogen auf den Gewinn im Vorjahresquartal. Ausgehend von dieser Änderungsrate ergibt sich für die Zeitreihe der Änderungsraten – auch bezogen auf die jeweiligen Vorjahresquartale - in den Folgequartalen folgende Autokorrelation:

---

[91] Vgl. Hong/Lim/Stein (2000), welche ebenfalls bei Untersuchungen Unterreaktion feststellen. Sie führen diese allerdings auf andere Gründe zurück. Investoren nehmen unterschiedliche Informationen zu unterschiedlichen Zeitpunkten auf und bilden daher voneinander abweichenden Einschätzungen. Auch sind sie nicht in der Lage, aus Marktpreisen rationale Informationen zu extrahieren. Diese Effekte führen zusammengenommen ebenfalls zu Unterreaktion. Siehe dazu Hong/Stein (1999).

[92] Vgl. Barberis/Shleifer/Vishny (1998): 311.

[93] Empirische Studie über 2.626 am US-Aktienmarkt notierte Unternehmen in den Jahren 1974-1986. Siehe dazu Bernard/Thomas (1990).

Quartal	Autokorrelation
t + 1 Quartal	+0,34
t + 2 Quartale	+0,19
t + 3 Quartale	+0,06
t + 4 Quartale	-0,24

Tabelle 1: Autokorrelation nach Bernard/Thomas (Quelle: in Anlehnung an Bernard/Thomas (1990): 310.)

Es tritt also leicht positive Autokorrelation in den ersten drei Quartalen nach t auf. Mit zunehmendem zeitlichem Abstand wird diese jedoch immer schwächer. Im vierten Quartal zeigt sich leicht negative Autokorrelation. Dies ist konform mit den zeitlichen Eingrenzungen für Unterreaktion nach dem IS-Modell. Auch dort wird diese über einen kurzfristigen Zeitraum von bis zu einem Jahr vorhergesagt, über längere Zeiträume wird gegebenenfalls Überreaktion erwartet.[94]

4.2.2 Überreaktion

Mittelfristig, über einen Zeitraum von drei bis fünf Jahren, stellen Barberis/ Shleifer/Vishny Überreaktion fest. Sie beobachten, dass Investoren auf beständige Muster in Nachrichten derselben Richtung[95] überreagieren. Eine Reihe von guten Nachrichten lässt Investoren das betroffene Asset überbewerten und führt zu einer positiven Abweichung vom fundamentalen Preis. Analog führt eine Reihe von schlechten Nachrichten zu Preisen die unter dem Fundamentalwert liegen.[96]

Um Überreaktion festzustellen, müssen demnach die Nachrichten über mehrere Perioden erfasst werden. Wie im vorigen Kapitel beschrieben, würden die aus einer Nachricht hervorgehenden neuen Informationen auf einem effizienten Markt direkt und in vollem Ausmaß eingepreist. War es bei der Unterreaktion noch der Fall, dass nicht das ganze Ausmaß der Informationen direkt eingepreist wurde,

---

[94] Vgl. Bernard/Thomas (1990): 309ff.

[95] „Richtung" bedeutet hier positiv oder negativ für den Wert des Assets.

[96] Vgl. Frieder (2004), welche feststellte, dass Investoren weit weniger dazu neigen, auf eine Reihe negativer Nachrichten über zu reagieren.

wird bei Überreaktion dieses Ausmaß der Informationen überbewertet. Dies gilt, falls die Nachrichten der Perioden j[97] bis t dieselbe Richtung hatten.

Formal drücken Barberis/Shleifer/Vishny Überreaktion wie folgt aus:

$$E\left(r_{t+1}\middle|z_t = G,\ z_{t-1} = G, ...,\ z_{t-j} = G\right)$$
$$< E\left(r_{t+1}\middle|z_t = B,\ z_{t-1} = B, ...,\ z_{t-j} = B\right)$$

Die erwartete Rendite nach einer Reihe von schlechten Nachrichten ist also größer als die erwartete Rendite nach einer Reihe von guten Nachrichten. Dies liegt darin begründet, dass nach einer Reihe von schlechten Nachrichten, der Assetpreis irrational niedrig ist, da Investoren weitere schlechte Nachrichten erwarten. Analog erwarten Investoren nach einer Reihe von guten Nachrichten, weitere Nachrichten in dieser Richtung, was den Assetpreis positiv vom Fundamentalwert abweichen lässt. Sollte im ersten Fall die nächste Nachricht besser als erwartet sein[98], führt dies zu einem Kursanstieg und damit einer positiven Rendite. Umgekehrt ist es wahrscheinlich, dass die überzogenen Erwartungen der Investoren nach einer Reihe von guten Nachrichten nicht erfüllt werden. Dann würde der Kurs sinken und es ergäbe sich eine negative Rendite.[99]

Empirische Belege für diese Zusammenhänge haben u.a. De Bondt/Thaler gefunden, die über einen Zeitraum von 56 Jahren[100] Assetrenditen bestimmter Portfolios untersuchten. Dabei stellten sie Portfolios aus Assets zusammen, die jeweils in den vergangenen 36 Monaten besonders gut abgeschnitten haben und Portfolios mit Assets, die besonders schlecht abgeschnitten haben. Dann wurden jeweils für die fünf Jahre nach Portfoliobildung die Assetrenditen der beiden Portfolios verglichen. Das Ergebnis war, dass das Portfolio aus „schlechten" Assets bis zu 25% höhere Renditen erzielt hat, als das „gute" Portfolio.[101]

Zarowin konnte dies ähnlich für Unternehmensgewinne statt Renditen nachweisen.[102] Auch beim Vergleich wachstumsstarker Assets (glamour stocks) mit hohem KGV und werthaltigen Assets (value stocks) mit niedrigem KGV wurde

---

[97] Vgl. Barberis/Shleifer/Vishny (1998): 313: „j is at least one and probably rather higher".

[98] Die Nachricht muss nicht per se „gut" sein, sondern nur besser als von den Investoren nach der Reihe von schlechten Nachrichten erwartet.

[99] Vgl. Barberis/Shleifer/Vishny (1998): 320.

[100] Daten börsennotierter US-amerikanischer Unternehmen für die Jahre 1926-1982.

[101] Vgl. Thaler (1994): 258ff; Chopra/Lakonishok/Ritter (1992).

[102] Vgl. Zarowin (1989).

Überreaktion festgestellt, da die werthaltigen Assets durchschnittlich höhere Renditen erzielten, als die wachstumsstarken Assets. All diese empirischen Ergebnisse lassen sich darauf zurückführen, dass Investoren nach einer Reihe positiver Nachrichten bzw. negativer Nachrichten das betroffene Unternehmen irrational bewerteten, indem sie seine Zukunftsaussichten als zu gut bzw. zu schlecht beurteilten.[103]

4.3   Psychologische Hintergründe

Unterreaktion bzw. Überreaktion lassen sich auf die beiden im Folgenden beschriebenen psychologischen Effekte Konservatismus bzw. Repräsentationsheuristik zurückführen. Das Beharren auf gewohnten Einschätzungen in Anbetracht neuer Information und die Fehlklassifizierung dieser sind bedeutende Bestandteile menschlichen Entscheidungsverhaltens. Das Zusammenspiel von Stärke und Gewicht einer Information liefert weitere Erkenntnisse zu den psychologischen Effekten.

4.3.1   Konservatismus

Im Rahmen der Behavioral Finance ist der oben als Unterreaktion beschriebene Effekt als Konservatismus bekannt. Die Idee geht zurück auf Ward Edwards Beobachtung, dass Individuen ihre Meinung in Anbetracht neuer Informationen nicht so anpassen, wie es Bayes-Theorem[104] als optimal beschreibt – sie passen sie zu langsam an. Zwar ändern Individuen ihre Bewertung eines Sachverhalts sobald sie neue relevante Informationen wahrnehmen, jedoch nicht in genügendem Ausmaß. Edwards führt dies auf die generelle Scheu vor Meinungsänderungen vieler Individuen zurück.[105]

Außerdem, so Edwards, sind Individuen zwar relativ gut darin einzelne Informationen zu analysieren und bewerten, scheitern aber häufig daran die einzelnen Er-

---

[103] Vgl. Barberis/Shleifer/Vishny (1998): 314.

[104] Dient zur Schätzung von Wahrscheinlichkeiten in der Entscheidungstheorie. Die bedingte Wahrscheinlichkeit P(A|B) für ein beobachtetes Ereignis A, gegeben ein anderes Ereignis B, wird geschätzt mittels der a-priori-Verteilung, d.h. der erwarteten Verteilung der Ereignisse:

$$P(A|B) = \frac{P(B|A) \times P(A)}{P(B|\overline{A}) \times P(\overline{A}) + P(B|A) \times P(A)}$$

Siehe dazu Schira (2009): 247f; Kahneman/Slovic/Tversky (1982): 360.

[105] Vgl. Kahneman/Slovic/Tversky (1982): 359ff.

kenntnisse zu einem Gesamtbild zusammenzufügen. Deswegen werden einzelne neue Informationen oft unterschätzt und als temporär abgetan. Dabei ist gerade das Gegenteil oft wahr; aufgrund ihrer Aktualität sind neue Informationen von besonderer Bedeutung für die Einschätzung eines Assets.

Barberis/Shleifer/Vishny erklären Konservatismus und darauf zurückzuführende Unterreaktion damit, dass Investoren einer einzelnen Meldung, die ihrer bisherigen Einschätzung eines Assets widerspricht, zu geringes Gewicht beimessen. Sie sind in ihrer Bewertung der neuen Situation zu konservativ, da sie ihre alte Bewertung weiterhin für größtenteils zutreffend halten.[106]

Konservatismus bei Investoren ist ein weit bekanntes Phänomen, ebenso wie die Strategie um davon zu profitieren. Die sogenannte Momentum-Strategie wurde von Jegadeesh und Titman entwickelt und erlaubt es einem Investor das irrationale Verhalten anderer Investoren auszunutzen und so den „Markt zu schlagen".[107] Die im Abschnitt 4.2.1 beschriebene, durch Unterreaktion bedingte, positive Autokorrelation der Assetrenditen in kurzen Zeiträumen ist der Schlüssel zu dieser Strategie. Es werden die Assetrenditen zurückliegende Perioden bis zu einem Jahr untersucht und danach diejenigen Assets mit positiven Renditen gekauft, während jene mit negativen leerverkauft werden.[108]

4.3.2 Repräsentativitätsheuristik

Überreaktion von Investoren kann auf den psychologischen Effekt der Repräsentativitätsheuristik zurückgeführt werden. Zuerst beschrieben wurde dieser von Kahneman und Tversky.[109] Wie beim Konservatismus handelt es sich auch hier um eine Fehleinschätzung von neuen Informationen.

Heuristiken sind Strategien zur Lösung komplexer Probleme bei begrenzten Ressourcen. Sie helfen mit wenig Aufwand zulässige, aber häufig nicht optimale, Lösungen zu finden. Insbesondere bei intellektueller oder zeitlicher Überforderung aufgrund von Informationsüberflutung wenden Individuen Heuristiken an.

---

[106] Vgl. Barberis/Shleifer/Vishny (1998): 315.
[107] Vgl. Jegadeesh/Titman (1993): 65ff.
[108] Vgl. Jegadeesh/Titman (1999): 8f; Murschall (2007): 61ff.
[109] Vgl. Kahneman/Slovic/Tversky (1982): 32ff.

Teilweise geschieht dies auch unbewusst, sodass fälschlicherweise davon ausgegangen wird, eine optimale Lösung gefunden zu haben.[110]

Bei der Repräsentativitätsheuristik erkennen Individuen bestimmte Eigenschaften oder Muster in den neuen Informationen. In ihrer Erfahrung sind diese Eigenschaften oder Muster repräsentativ für eine bestimmte Klasse von Informationen. Dies kann zu einer fehlerhaften Kategorisierung der Informationen führen, da die Individuen nicht beachten, dass es möglicherweise generell sehr unwahrscheinlich für beliebige Informationen ist, zu dieser Klasse von Informationen zu gehören[111] – losgelöst von den beobachteten Eigenschaften oder Mustern.[112]

Dieses vermeintliche Erkennen von Mustern in einer zufälligen Reihe von Unternehmensgewinnen ist nach Barberis/Shleifer/Vishny der Auslöser für Überreaktion. Investoren beobachten eine Reihe von positiven Gewinnmitteilungen und sehen darin ein Muster, welches sie veranlasst für die Zukunft weitere positive Meldungen zu erwarten. Rational betrachtet stellt dies aber kein Muster und demnach auch keine Gesetzmäßigkeit für weitere positive Gewinnmitteilungen dar, sondern ist „nothing more than a random draw for a few lucky firms"[113]. Derselbe Zusammenhang gilt natürlich auch für Reihen von negativen Gewinnmitteilungen, infolge derer Investoren diese Firmen möglicherweise fälschlich in die Klasse fortwährend enttäuschender Anlagealternativen einsortieren.[114]

Auch mithilfe dieses Effektes können Überrenditen erzielt werden. Die Contrarian-Strategie empfiehlt Investoren konträr zum Marktgeschehen zu handeln. Assets, deren Preise in der letzten Zeit gestiegen sind, sollten also leerverkauft werden. Assets mit negativem Trend hingegen bieten sich für Investitionen

---

[110] Vgl. Kahneman/Slovic/Tversky (1982): 3; Averbeck (2010): 40f.

[111] Dies wird als Prävalenzfehler bezeichnet und meint das Ignorieren der a-priori-Wahrscheinlichkeit für ein beliebiges Element der Grundgesamtheit zu dieser bestimmten Klasse zu gehören. Siehe dazu Kahneman/Slovic/Tversky (1982): 48ff.

[112] Vgl Jordan (2003): 275 (zit. Nach Averbeck (2010): 45). So wurden beispielsweise zu den Boomzeiten des Neuen Marktes in Deutschland viele dort notierte Unternehmen überbewertet. Wie einige langfristig erfolgreiche Unternehmen, verfügten sie über die Eigenschaften „Technologieunternehmen" sowie „notiert am Neuen Markt" und wurden von Investoren der Repräsentationsheuristik folgend zusammen mit den erfolgreichen Unternehmen klassifiziert.

[113] Vgl. Barberis/Shleifer/Vishny (1998): 316.

[114] Vgl. De Bondt (1993) der eine empirische Untersuchung zum Verhalten von Investoren durchführt: Investoren extrapolieren Trends. Das heißt ihre Zukunftserwartungen sind stark von den Trends vergangener Perioden abhängig.

an. So kann die irrationale Überreaktion der anderen Investoren durch Handeln gegen den Trend ausgenutzt werden.[115]

4.3.3 Stärke und Gewicht von Informationen

Die beiden zuvor beschriebenen psychologischen Aspekte lassen sich nach Griffin und Tversky in einem Konzept zusammenfassen. Dazu wird die Aufnahme und Evaluierung von neuen Informationen sowie die daraus folgende Bewertung einer Situation oder eines Assets auf zwei Eigenschaften der neuen Information herunter gebrochen. Die „Stärke"[116] gibt dabei wieder, wie auffällig und extrem die Information ist. Das „Gewicht"[117] beschreibt die statistische Bedeutung der Information, etwa den Stichprobenumfang. Bei einem Empfehlungsschreiben z.B., wären die inhaltlichen Aussagen die Stärke, während der Aussteller des Schreibens und seine Reputation das Gewicht wären.[118]

Nach Griffin und Tversky handeln Individuen irrational, da sie der Stärke zu viel Bedeutung beimessen und das Gewicht dabei vernachlässigen. Dies ist konsistent mit auf Repräsentationsheuristik zurückgehende Überreaktion. Dabei sehen Individuen durch den Fokus auf die Stärke einer Information diese als repräsentativ für eine bestimmte Klasse an, wodurch ihre Bewertung verzerrt wird.

Konservatismus kann damit erklärt werden, dass einer Information mit hohem Gewicht aber geringer Stärke nicht die Bedeutung beigemessen wird, die sie rational betrachtet besitzt. Die letzte Gewinnmitteilung wird etwa als unbedeutend angesehen im Vergleich zu einer über einen längeren Zeitraum gebildeten Einschätzung eines Assets. Aber gerade die aktuellste Mitteilung ist von großem Gewicht, da sie weit mehr über die Zukunftsaussichten eines Assets aussagt, als historische Bewertungen.[119]

---

[115] Vgl. De Bondt/Thaler (1985).

[116] Im Originalen „strength".

[117] Im Originalen „weight".

[118] Ein Referenzschreiben, das eine Mutter für ihren Sohn ausstellt, wird höchstwahrscheinlich sehr positiv ausfallen, das heißt von großer Stärke sein. Da die Mutter aber in ihrer Urteilsfähigkeit und Objektivität sehr eingeschränkt ist, hat dieses Referenzschreiben eine geringe Aussagekraft, bzw. Gewicht. Siehe dazu Barberis/Shleifer/Vishny (1998): 316; Griffin/Tversky (1992): 412.

[119] Vgl. Barberis/Shleifer/Vishny (1998): 317.

4.4   Investor Sentiment Modell

Im Folgenden wird das IS-Modell genauer beschrieben und untersucht, wie es die oben angeführten empirischen und psychologischen Erkenntnisse umsetzt. Dazu erfolgt zuerst eine Zusammenfassung der Argumentation von Barberis/Shleifer/ Vishny zur Idee und Funktionsweise ihres Modells. Danach erfolgt eine formale Beschreibung in der die Gleichungen und Parameter des IS-Modells erläutert werden.

4.4.1   Zielsetzung

Mit dem IS-Modell wollen Barberis/Shleifer/Vishny die gefundenen statistischen Zusammenhänge abbilden und aufzeigen, inwiefern Investoren bei der Bewertung von Assetpreisen und den darauf basierenden Transaktionen irrational agieren. Das Modell soll sowohl die oben beschriebene Unter- als auch Überreaktion ab- bilden.[120]

Barberis/Shleifer/Vishny weisen darauf hin, dass Überlegungen zu Arbitrage- möglichkeiten nicht zum Fokus des Aufsatzes gehören. Da nicht vorhersehbar ist, wann und ob die Preise wieder zum Fundamentalwert zurückkehren, sind Wetten auf diese Abweichungen kurzfristig nicht zwingend profitabel. Dies limitiert die Arbitragemöglichkeiten deutlich und lässt diese unattraktiv erscheinen. Folglich, argumentieren Barberis/Shleifer/Vishny, werden wenige Investoren solche Wetten eingehen und damit wird Arbitrage auch nicht dazu führen, die Abweichungen abzubauen.[121]

Statt also Arbitragemöglichkeiten aufzuzeigen, knüpft das IS-Modell an die Er- wartungsbildung von Investoren an. Es wird ein Modell aufgestellt und mathema- tisch bewiesen, dass dieses, für ein bestimmtes Set von Parametern, die im ersten Absatz genannten, selbst gesteckten Ziele erfüllt.

---

[120] Vgl. Barberis/Shleifer/Vishny (1998): 308.

[121] Vgl. Barberis/Shleifer/Vishny (1998): 309; Shleifer (2000): 175ff.

4.4.2 Annahmen

Die Bewertung von Assets wird im IS-Modell aus der Sicht risikoneutraler Investoren[122] erklärt. In der Welt des Modells existiert nur ein Asset, eine Aktie, am Markt. Das zugehörige Unternehmen schüttet jeweils den gesamten Periodengewinn als Dividende an seine Aktionäre aus.[123] Diese Gewinne werden durch einen Random Walk erzeugt, sind also unvorhersehbar.[124] So ergibt sich für den Gewinn N in t folgende Erwartung:

$$E(N_t) = N_{t-1} + y_t$$

Es wird der Gewinn der Vorperiode zuzüglich eines unbekannten Schocks[125] erwartet. Dieser Schock y_t ist normalverteilt mit Erwartungswert null und Varianz σ^2_y.[126] Im IS-Modell kann y nur zwei Werte annehmen kann, und zwar +y (positiver Schock) und –y (negativer Schock). Beide Ausprägungen sind gleichwahrscheinlich, haben also eine Eintrittswahrscheinlichkeit von jeweils 0,5. Abgesehen von den erwarteten Gewinnen gibt es in der Welt des Modells keine weiteren Faktoren, die den Preis der Aktie beeinflussen. Desweiteren gilt ein konstanter Abzinsfaktor δ, woraus folgender Fundamentalwert F in t folgt:[127]

$$(3) \qquad\qquad F_t = \frac{N_t}{\delta}$$

Die Investoren im IS-Modell wissen aber nicht, dass die Gewinne durch einen Random Walk erzeugt werden. Sie glauben, dass sich durch die Analyse der vergangenen Schocks Anhaltspunkte für deren zukünftige Ausprägungen erkennen lassen.[128] Dieser Prozess verläuft nach einem im nächsten Kapitel näher erläuterten Schema. Zu den wichtigsten Annahmen von Barberis/Shleifer/Vishny gehört, dass die Investoren nicht dazu lernen. Sie werden also niemals von diesem Sche-

---

[122] Barberis/Shleifer/Vishny schreiben in ihrem Paper von einem repräsentativen Investor, dessen Meinung den Konsens der Einschätzung aller Investoren widergibt. Siehe dazu Barberis/Shleifer/Vishny (1998): 309. In dieser Untersuchung wird aber weiterhin meist der Begriff „Investoren" im Plural benutzt.

[123] Vgl. Murschall (2007): 100.

[124] Dies widerspricht zwar den Aussagen der Abschnitte 2.7 bis 4.3, ist aber für die weitere Argumentation nicht relevant sondern stellt nur eine theoretische Ausgangsbasis dar. Siehe dazu Barberis/Shleifer/Vishny (1998): 318.

[125] Die in den vorherigen Kapiteln häufig erwähnten Gewinnmitteilungen oder andere die Aktie betreffende Nachrichten können als ein solcher Schock verstanden werden.

[126] Vgl. Abschnitt 2.2.

[127] Vgl. Abschnitt 2.3.

[128] Vgl. Barberis/Shleifer/Vishny (1998): 324.

ma abweichen, etwa weil sie erkennen, dass die Gewinne in Wirklichkeit von einem Random Walk erzeugt werden.[129]

4.4.3 Sichtweise der Investoren

Wie oben angedeutet, benutzen die Investoren ein falsches Modell, um ihre Erwartungen zu bilden. Barberis/Shleifer/Vishny gehen davon aus, dass es in ihrer Vorstellung zwei verschiedene Regimes mit zugehörigen Modellen gibt, die die Kursverläufe erklären.[130] Das erste Regime ist „mean-reverting", das heißt positive oder negative Ausschläge vom Erwartungswert werden im Laufe der Zeit korrigiert und die Renditen kehren wieder zum Erwartungswert (engl. „mean") zurück. Dieses erwartete Verhalten der Gewinne entspricht der empirisch beobachteten Unterreaktion. Das andere, zweite, Regime ermöglicht das Auftreten von Überreaktion. Gewinnverläufe sind „trending", dort sind positive Schocks in den vergangenen Perioden Indikatoren für weitere positive Schocks in der Zukunft. Für negative Schocks gilt anders herum dasselbe.

Die Modelle 1 und 2, die in den jeweiligen Regimes die Gewinne bestimmen, sind beides Markow-Prozesse[131], jedoch mit unterschiedlichen Übergangswahrscheinlichkeiten.

Modell	Periode t-1	Periode t
Modell 1 - Mean Reverting (Unterreaktion)	Negativer Schock	Positiver Schock wahrscheinlich
	Positiver Schock	Negativer Schock wahrscheinlich
Modell 2 – Trending (Überreaktion)	Negativer Schock	Negativer Schock wahrscheinlich
	Positiver Schock	Positiver Schock wahrscheinlich

Tabelle 2: Regimes im IS-Modell (Quelle: in Anlehnung an Barberis/Shleifer/Vishny (1998): 318ff.)

---

[129] Vgl. Barberis/Shleifer/Vishny (1998): 319f.

[130] Barberis/Shleifer/Vishny greifen hier auf die von James D. Hamilton entwickelte Idee, strukturelle Verschiebungen in Zeitreihen durch verschiedene zugrundeliegende Regimes zu erklären, zurück. Siehe dazu Hamilton (1989): 357ff; Murschall (2007): 101.

[131] Das bedeutet, dass der aktuelle Zustand bestimmt wird durch den letzten Zustand sowie eine Matrix mit konstanten Übergangswahrscheinlichkeiten. Siehe dazu Bungartz et al. (2009): 232ff.

Dabei erachten Investoren einen Wechsel zwischen den beiden Regimes als unwahrscheinlich, schließen diesen aber nicht aus. Sie sind sich niemals sicher, in welchem Regime sie sich gerade befinden, sondern versuchen dies nur anhand der Schocks in zurückliegenden Perioden vorherzusagen. Haben sich in der Vergangenheit positive und negative Schocks häufig abgewechselt, so tendiert der Investor zum ersten Regime. Ballten sich dagegen entweder positive oder negative Schocks in der Vergangenheit, hält der Investor es für wahrscheinlicher, dass er sich im zweiten Regime befindet. Das stochastische Wechseln zwischen den beiden Regimes wird ebenfalls durch einen Markow-Prozess abgebildet.[132]

Um korrekte Erwartungen für die Gewinne des Unternehmens bilden zu können, ist es also Aufgabe der Investoren herauszufinden, in welchem Regime sie sich befindet, also welches Modell gerade die Gewinne erzeugt. Dabei sind die Übergangswahrscheinlichkeiten fixe Parameter des Modells und ändern sich nach Meinung der Investoren nie. Barberis/Shleifer/Vishny weisen darauf hin, dass die Wahrscheinlichkeit sich im ersten Regime zu befinden höher eingeschätzt wird als die Wahrscheinlichkeit für das zweite Regime. Dieses Investorenverhalten ermöglicht das Auftreten von Unterreaktion, da es die zugehörige Ungleichung aus Formel (2) erfüllt.

Gegeben ein positiver Schock in der letzten Periode, erwarten Investoren in der aktuellen Periode einen negativen Schock, da sie das Modell 1 für wahrscheinlicher halten. Tritt dieser negative Schock wie erwartet ein, wird die Rendite nicht besonders hoch sein, da der Schock ja bereits eingepreist war. Da die Gewinne aber durch einen Random Walk erzeugt werden, ist es aber genauso wahrscheinlich, dass der Schock wieder positiv ist. In diesem Fall könnten die Investoren mit hohen Renditen rechnen, da dieser Schock unerwartet kommt und daher noch nicht eingepreist war. Im Durchschnitt sind die Renditen in der Periode nach einem positiven Schock also positiv. Ist der Schock in der Vorperiode negativ gewesen, erwarten Investoren unter den oben beschriebenen Gegebenheiten einen positiven Schock. Tritt dieser wie erwartet ein, sind die Renditen wieder nicht besonders hoch. Folgt allerdings ein weiterer negativer Schock, werden die Investoren negative Renditen einfahren, da dieser Schock unerwartet kam. Im Durchschnitt sind die Renditen nach einer Periode mit negativem Schock also auch ne-

---

[132] Vgl. Barberis/Shleifer/Vishny (1998): 318ff.

gativ. Dadurch, dass Investoren das erste Regime für wahrscheinlicher halten, ermöglicht das IS-Modell also Unterreaktion.[133]

4.4.4 Formulierung

Die Übergangswahrscheinlichkeiten der Schocks in den beiden Modellen 1 und 2 finden sich in den folgenden Matrizen:

Modell 1	$y_{t+1} = y$	$y_{t+1} = -y$
$y_t = y$	π_L	$1-\pi_L$
$y_t = -y$	$1-\pi_L$	π_L

Modell 2	$y_{t+1} = y$	$y_{t+1} = -y$
$y_t = y$	π_H	$1-\pi_H$
$y_t = -y$	$1-\pi_H$	π_H

Tabelle 3: Übergangswahrscheinlichkeiten der Schocks (Quelle: Barberis/Shleifer/Vishny (1998): 321.)

Für die Übergangswahrscheinlichkeiten zwischen den beiden Regimes $s_t = 1$ sowie $s_t = 2$ gilt folgende Matrix:

Regimewechsel	$s_{t+1} = 1$	$s_{t+1} = 2$
$s_t = 1$	$1-\lambda_1$	λ_1
$s_t = 2$	λ_2	$1-\lambda_2$

Tabelle 4: Regimewechselwahrscheinlichkeiten (Quelle: Barberis/Shleifer/Vishny (1998): 322.)

Wie in Abschnitt 4.4.2 schon teilweise erläutert, geben Barberis/Shleifer/Vishny dabei einige Restriktionen für diese Parameter an. Dies ist nötig, damit das IS-Modell sowohl Unter- als auch Überreaktion wie gewollt erklären kann. Es gilt:

$$0 < \pi_L < 0,5$$

$$0,5 < \pi_H < 1$$

$$\lambda_1 + \lambda_2 < 1$$

$$\lambda_1 < \lambda_2$$

---

[133] Vgl. Barberis/Shleifer/Vishny (1998): 319ff.

Kernpunkt des IS-Modells ist die Tatsache, dass Investoren abschätzen müssen, welches Regime aktuell die Gewinne generiert. Nur so können sie Erwartungen über zukünftige Schocks bilden und somit einen in ihren Augen fairen Preis für die Aktie bestimmen. Dazu dienen ihnen drei Anhaltspunkte, der aktuelle Schock y_t, der Schock der letzten Periode y_{t-1} und ihre bisherige Einschätzung q_{t-1}, welches Regime gilt. Mithilfe dieser Variablen berechnen sie q_t, die Wahrscheinlichkeit dafür, dass aktuell die Gewinne durch Regime 1 erzeugt werden:

$$(4) \qquad q_t = P(s_t = 1 | y_t, y_{t-1}, q_{t-1})$$

Nach dem Bayes-Therorem folgt weiter:

$$q_{t+1} = \frac{((1-\lambda_1)q_t + \lambda_2(1-q_t)) \times P(y_{t+1}|s_{t+1}=1, y_t)}{((1-\lambda_1)q_t + \lambda_2(1-q_t)) \times P(y_{t+1}|s_{t+1}=1, y_t) + (\lambda_1 q_t + (1-\lambda_2)(1-q_t)) \times P(y_{t+1}|s_{t+1}=2, y_t)}$$

Dabei gilt:

$$P(y_{t+1}|s_{t+1} = 1, y_t = y_{t+1}) = \pi_L$$

$$P(y_{t+1}|s_{t+1} = 1, y_t \neq y_{t+1}) = 1 - \pi_L$$

$$P(y_{t+1}|s_{t+1} = 2, y_t = y_{t+1}) = \pi_H$$

$$P(y_{t+1}|s_{t+1} = 2, y_t \neq y_{t+1}) = 1 - \pi_H$$

Barberis/Shleifer/Vishny stellen nun zwei Behauptungen auf. Die erste liefert die Gleichung für den Preis eines Assets[134], wenn Investoren so handeln, wie das IS-Modell postuliert. Die zweite schränkt die Parameter so ein, dass der IS-Preis auf Gewinnmitteilungen sowohl mit Unter-, als auch mit Überreaktion reagiert.

Behauptung 1:

$$(5) \qquad P_t = \frac{N_t}{\delta} + y_t(p_1 - p_2 q_t)$$

p_1 und p_2 sind Konstanten, deren Berechnung mithilfe der oben eingeführten Parameter π_L, π_H, λ_1 und λ_2 erfolgt.[135] Der IS-Preis setzt sich also zusammen aus dem Fundamentalwert der Aktie zuzüglich einer bestimmten Reaktion auf den Schock y_t. Diese Reaktion ist abhängig davon, wie der Investor die Welt sieht, in

---

[134] In dieser Untersuchung als „IS-Preis" bezeichnet und formal durch „P_t" ausgedrückt.

[135] Vgl. Barberis/Shleifer/Vishny (1998): 333ff zur genauen Berechnung.

der er sich befindet. Definiert wird seine Ansicht durch die Übergangswahrschein-lichkeiten verschiedener Zustände dieser Welt, ausgedrückt in den Parametern π_L, π_H, λ_1 und λ_2.

Der Term $p_1 - p_2q_t$ ist demnach für das Unter- und Überreagieren des Preises ver-antwortlich. Dafür muss gelten:

Schock	Reaktion	P_t und F_t	Verhalten ($p_1 - p_2q_t$)
$y_t = +y$	Unterreaktion	$P_t < F_t$	$p_1 - p_2q_t < 0$
$y_t = +y$	Überreaktion	$P_t > F_t$	$p_1 - p_2q_t > 0$
$y_t = -y$	Unterreaktion	$P_t > F_t$	$p_1 - p_2q_t < 0$
$y_t = -y$	Überreaktion	$P_t < F_t$	$p_1 - p_2q_t > 0$

Tabelle 5: Verhalten des Reaktionsterms ($p_1 - p_2q_t$)

Nach Barberis/Shleifer/Vishny ist dies gegeben, wenn die zweite Behauptung richtig ist.

Behauptung 2:

$$(6) \qquad \underline{k}p_2 < p_1 < \overline{k}p_2$$

$$p_2 \geq 0$$

Wie p_1 und p_2 sind auch $\underline{k}$ und $\overline{k}$ von den Parametern π_L, π_H, λ_1 und λ_2 abhängige Konstanten.[136] Der erste Teil von (6), $\underline{k}p_2 < p_1$ stellt dabei die Bedingung für Überreaktion dar. Der zweite Teil von (6), $p_1 < \overline{k}p_2$ ist die Bedingung für Unterre-aktion.

---

[136] Vgl. Barberis/Shleifer/Vishny (1998): 325f; Barberis/Shleifer/Vishny (1998): 336ff zur genau-en Berechnung.

5   Analyse des IS-Modells

Dieses vorletzte Kapitel dieser Untersuchung widmet sich dem Test und der Bewertung des IS-Modells und seiner Implikationen. Dabei werden Parametereinflüsse untersucht sowie der Output des Modells mithilfe von verschiedenen Simulationen analysiert. Im Anschluss wird die Arbeit von Barberis/Shleifer/Vishny kritisch gewürdigt, sowie auf Weiterentwicklungen des IS-Modells eingegangen.

5.1   Zulässige Parameterkonstellationen

Im Folgenden werden unter Beachtung der in Abschnitt 4.4.4 erläuterten Restriktionen der Regimewechselwahrscheinlichkeiten λ_1 und λ_2 die Gültigkeitsbereiche[137] der Übergangswahrscheinlichkeiten zwischen den Schocks π_L und π_H grafisch dargestellt. Es wird jeweils für eine gegebene Konstellation von λ_1 und λ_2 der Bereich, für den sowohl die Bedingung für Unter- als auch die Bedingung für Überreaktion erfüllt ist, auf einem π_L, π_H-Diagramm aufgezeigt. π_L und π_H werden dabei in 0,01-Schritten modelliert, während λ_1 und λ_2 in Abschnitten von 0,1 betrachtet werden. Unter Einhaltung der Restriktionen ergeben sich dabei zehn mögliche Konstellationen der Regimewechselwahrscheinlichkeiten:[138]

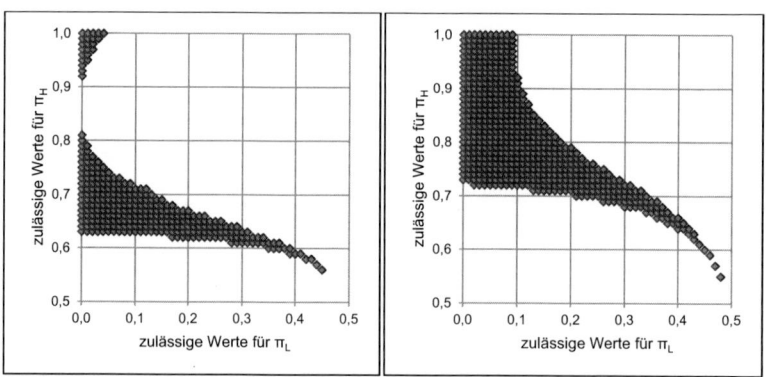

Abb. 3: Zulässige Werte für π_L und π_H bei $\lambda_1 = 0,1$ und $\lambda_2 = 0,2$ (links) bzw. $\lambda_1 = 0,1$ und $\lambda_2 = 0,3$ (rechts) (Quelle: in Anlehnung an Barberis/Shleifer/Vishny (1998): 327f; Murschall (2007): 229ff.)

---

[137] Gültig = Entspricht sowohl der Bedingung für Unterreaktion als auch der Bedingung für Überreaktion.

[138] Die folgenden, sowie alle weiteren Diagramme in dieser Untersuchung, wurden mit Microsoft Excel erstellt. Dazu wurde das IS-Modell gemäß den Vorgaben von Barberis/Shleifer/Vishny in der beiliegenden Datei „IS-Modell.xslm" implementiert.

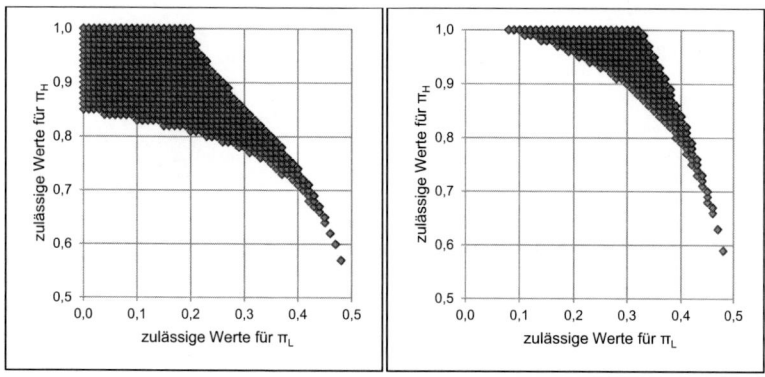

Abb. 4: Zulässige Werte für π_L und π_H bei $\lambda_1 = 0,1$ und $\lambda_2 = 0,4$ (links) bzw. $\lambda_1 = 0,1$ und $\lambda_2 = 0,5$ (rechts) (Quelle: in Anlehnung an Barberis/Shleifer/Vishny (1998): 327f; Murschall (2007): 229ff.)

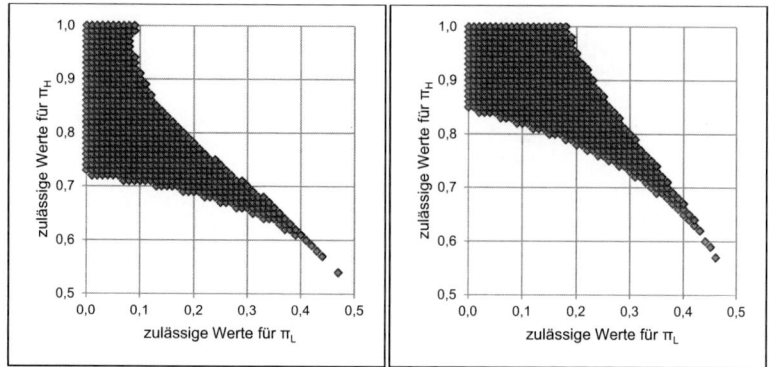

Abb. 5: Zulässige Werte für π_L und π_H bei $\lambda_1 = 0,2$ und $\lambda_2 = 0,3$ (links) bzw. $\lambda_1 = 0,2$ und $\lambda_2 = 0,4$ (rechts) (Quelle: in Anlehnung an Barberis/Shleifer/Vishny (1998): 327f; Murschall (2007): 229ff.)

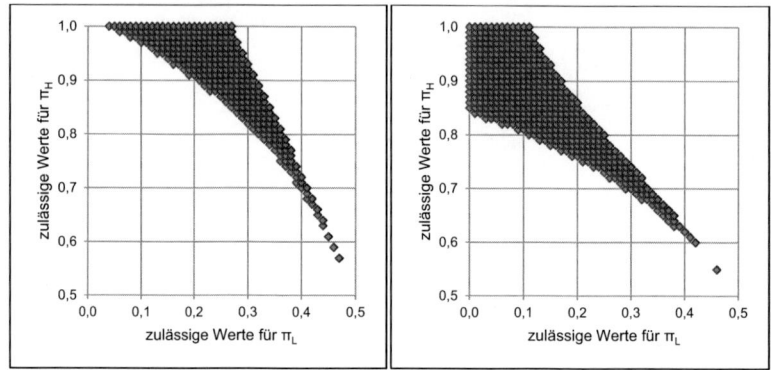

Abb. 6: Zulässige Werte für π_L und π_H bei $\lambda_1 = 0,2$ und $\lambda_2 = 0,5$ (links) bzw. $\lambda_1 = 0,3$ und $\lambda_2 = 0,4$ (rechts) (Quelle: in Anlehnung an Barberis/Shleifer/Vishny (1998): 327f; Murschall (2007): 229ff.)

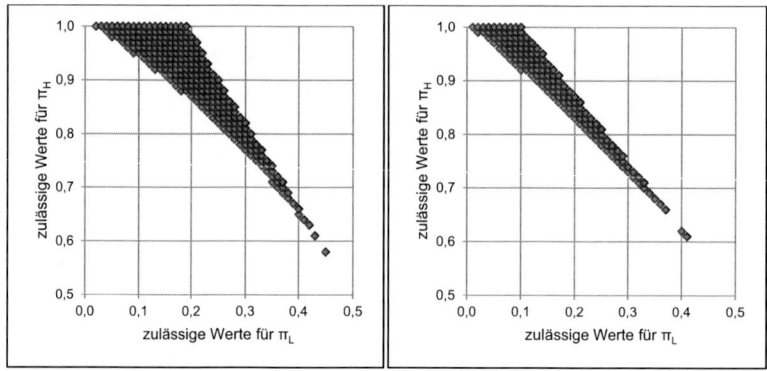

Abb. 7: Zulässige Werte für π_L und π_H bei $\lambda_1 = 0,3$ und $\lambda_2 = 0,5$ (links) bzw. $\lambda_1 = 0,4$ und $\lambda_2 = 0,5$ (rechts) (Quelle: in Anlehnung an Barberis/Shleifer/Vishny (1998): 327f; Murschall (2007): 229ff.)

Es zeigt sich, dass je Wahl von λ_1 und λ_2 nur für eine relativ eingeschränkte Kombination von π_L und π_H Unter- und Überreaktion durch das Modell von Barberis/Shleifer/Vishny erzeugt werden kann.[139] Insbesondere bei hohen Werten für λ_2 nimmt der zulässige Bereich stark ab. Ein Anstieg von λ_1 scheint dagegen einen

---

[139] Die Unterschiede der Abbildungen zu denen von Barberis/Shleifer/Vishny ist bedingt durch eine andere Berechnung der Variablen $\bar{q}^e$ und $\underline{q}^e$. Diese Variablen stellen theoretische Ober- und Untergrenzen für q dar. In dieser Untersuchung sind sie mithilfe der tatsächlichen Ober- und Untergrenzen für eine bestimmte Parameterkonstellation ermittelt worden. Barberis/Shleifer/Vishny berechnen $\bar{q}^e$ und $\underline{q}^e$ mithilfe konstruierter Ober- und Untergrenzen. Siehe dazu Barberis/Shleifer/Vishny (1998): 336ff. Murschall benutzt in seiner Darstellung nochmals eine andere Berechnungsweise für die Variablen, gibt dazu aber keine Details an. Siehe dazu Murschall (2007): 231.

etwas geringeren Einfluss zu haben. Da die Investoren im IS-Modell davon ausgehen, dass Regimewechsel generell eher unwahrscheinlich sind, ist es bemerkenswert, dass für $\lambda_1 = 0,1$ und $\lambda_2 = 0,2$ sehr viel weniger Kombinationen für π_L und π_H die Bedingungen erfüllen als für $\lambda_1 = 0,1$ und $\lambda_2 = 0,3$. Sind die Regimewechselwahrscheinlichkeiten also zu gering, erzeugen nur eine kleine Auswahl von π_L und π_H Unter- und Überreaktion.

Nähern sich beide Regimewechselwahrscheinlichkeiten 0,5 an, nimmt der zulässige Bereich stark ab. Dies deckt sich mit den Ergebnissen von Murschall. Er zeigt auf, dass für Wahrscheinlichkeiten von jeweils 0,5 für λ_1 und λ_2 keine gültige Kombination der Parameter π_1 und π_2 existieren. Diese Konstellation entspricht genau einem Random Walk der Gewinne. Die Investoren gehen, unabhängig davon in welchem Regime sie sich wähnen, von je 50% Wahrscheinlichkeit für einen positiven oder negativen Schock aus. Der vorangegangene Schock ist ebenfalls unerheblich, da in beiden Fällen die Wahrscheinlichkeit mit 0,5 beziffert wird.[140] Demnach ist es schlüssig, dass das IS-Modell für diese Parameterkonstellation nicht definiert ist.[141]

5.2   Analyse des IS-Preises

Das Ziel des IS-Modells ist es, die auf Konservatismus und Repräsentativitätsheuristik zurückzuführenden irrationalen Verzerrungen bei Assetpreisen zu erklären. Zur Bestimmung der Zielerreichung werden IS-Preise und Renditen in verschiedenen Tests simuliert und die Ergebnisse auf ihre Aussagekraft und ihr Zustandekommen untersucht.

5.2.1   Regimewechselprozess

Um die Vorhersagen des IS-Modells bezüglich der irrationalen Abweichungen von Assetpreisen vom Fundamentalwert zu verdeutlichen, wurde eine Abfolge von Schocks aufgestellt. Damit möglichst alle von Barberis/Shleifer/Vishny beschriebenen Effekte beobachtet werden können, ist die Abfolge der Schocks nicht zufällig erzeugt. Stattdessen wurde sie so gewählt, dass sie Reihen von positiven bzw. negativen Schocks sowie Sequenzen sich abwechselnder Schocks enthält.

---

[140] Vgl. Tabelle 3.
[141] Vgl Murschall (2007): 232; Murschall (2007): 240.

Insgesamt werden 24 Perioden betrachtet. In der folgenden Tabelle sind die Schocks y_t, sowie q_t, die Wahrscheinlichkeit mit der ein Investor davon ausgeht, dass die Gewinne vom ersten Regime (mean-reverting) generiert werden, abgebildet:

t	1	2	3	4	5	6	7	8	9	10	11	12
y_t	-	+	-	+	-	+	-	-	-	-	-	-
q_t	0,85	0,92	0,93	0,94	0,94	0,94	0,94	0,29	0,09	0,06	0,06	0,06

t	13	14	15	16	17	18	19	20	21	22	23	24
y_t	-	-	+	+	+	-	+	+	-	-	+	+
q_t	0,06	0,06	0,69	0,18	0,07	0,70	0,89	0,27	0,78	0,22	0,76	0,21

Tabelle 6: Schocks (Quelle: in Anlehnung an Barberis/Shleifer/Vishny (1998): 323)

Wie im zugrundeliegenden Modell sind die Schocks jeweils nur über ihre Richtung, positiv oder negativ, bestimmt. Die Stärke ist in jeder Periode dieselbe. Zur Berechnung von q_t nach Formel (4) und dem IS-Preis - im nächsten Abschnitt erläutert - wurden folgende Parameter benutzt:

λ_1	0,2
λ_2	0,3
π_L	0,1
π_H	0,8
N_0	10
δ	0,05
y	1
q_0	0,58

Tabelle 7: Parameter

Die Werte für λ_1, λ_2, π_L und π_H wurden so gewählt, dass sie alle Restriktionen des Modells erfüllen. Wie in Abbildung 5 ersichtlich, lassen sie sowohl Unter- als auch Überreaktion des IS-Preises zu. Es wird von einem Gewinn von 10 in Periode 0 ausgegangen und einem konstanten Zins von 5%. Somit ergibt sich nach Formel (3) ein Fundamentalwert des Assets F_0 von 200. Für den Schock wird eine Stärke von 10% des Ausgangsgewinns angenommen, also ein Betrag von 1. Der Gewinn N_t in den Folgeperioden ergibt sich dann jeweils aus dem Gewinn der Vorperiode plus/minus den Schock.

Neben den genannten Parametern benutzen die Investoren Informationen aus der vorangegangen Periode, um ihre Einschätzung über das momentan bestimmende Regime, zu bilden. Sie betrachten den Schock y_{t-1} sowie ihre alte Einschätzung q_{t-1}.[142] Daher wurde auch für q_0 ein Wert vorgegeben, und zwar so, dass in Periode 0 weder unter- noch Überreaktion erwartet wird.[143] Dabei wird davon ausgegangen, dass der vorangegangene Schock positiv war. Eine Periode später wird die Wahrscheinlichkeit für das mean-reverting-Regime schon mit 85% angesehen, da der Schock nun negativ war.[144]

In den ersten sechs Perioden wechseln sich die Vorzeichen der Schocks ab, so dass der Investor sich relativ sicher ist, dass das erste Regime aktuell die Gewinne erzeugt. Gemäß den Vorgaben des Modells ist er sich aber nie komplett sicher, sondern seine Einschätzung verharrt bei maximal 94%. Die darauf folgende Reihe negativer Schocks lässt ihn zum trending-Regime tendieren, wofür er seine maximale Überzeugung von 6% nach drei Perioden (8 bis 10) erreicht. Im weiteren Verlauf schwankt q_t dann zwischen diesen beiden Werten, abhängig von den zuletzt beobachteten Schocks.

5.2.2 Preisverlauf

Um den IS-Preis nach Formel (5) zu berechnen sind nun alle benötigten Informationen gegeben. Das folgende Diagramm zeigt die Preisverläufe für ein Asset mit den oben beschriebenen Gewinnschocks. Dabei wird der nach Formel (3) ermittelte, rationale Fundamentalwert, dem irrationalen IS-Preis gegenübergestellt:

---

[142] Vgl. Abschnitt 4.4.4.
[143] Der exakte Wert für q_0 liegt bei 0,583673398542275.
[144] Zur genauen Berechnung von q_t siehe die beiliegende MS-Excel-Datei „IS-Modell.xslm".

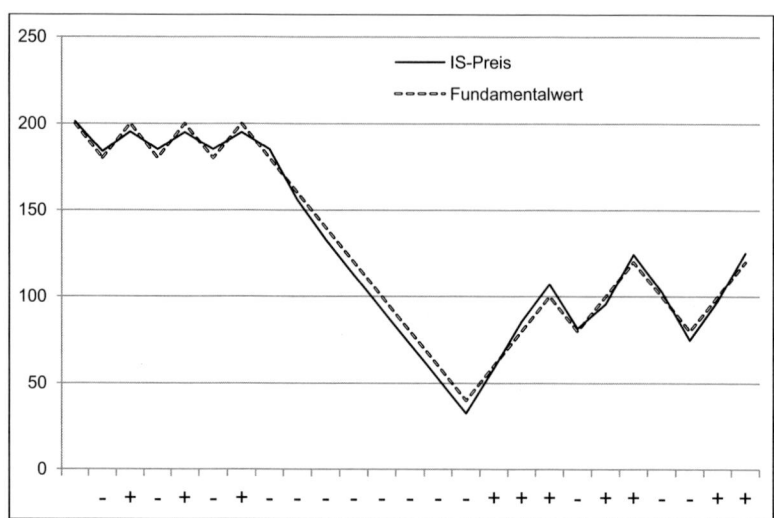

Abb. 8: Vergleich von Fundamentalwert und IS-Preis (Quelle: in Anlehnung an Shleifer (2000): 130; Murschall (2007): 113)

Über den gesamten Verlauf der 24 Perioden zeigen sich Abweichungen zwischen den beiden Preisen. Deutlich erkennbar ist der Unterschied der Schwankungen während der ersten Perioden mit sich abwechselnden positiven und negativen Schocks. Der IS-Preis schwankt weniger stark als der Fundamentalwert. Über die nächsten Perioden erfährt das Asset eine Reihe von negativen Schocks. Auch hier sind die Abweichungen der Preise offensichtlich, die Kurve des IS-Preises verläuft ab der achten Periode immer unterhalb des Kurses vom Fundamentalwert. In den folgenden Perioden liegen die beiden Preise näher beieinander und es liegt mal der eine, mal der andere höher.[145]

Beispielhaft wird nun die Berechnung für die beiden Preise in der 14. Periode durchgeführt:[146]

$$F_{14} = \frac{(10 - 1 + 1 - 1 + 1 - 1 + 1 - 1 - 1 - 1 - 1 - 1 - 1 - 1 - 1)}{0,05} = \frac{2}{0,05}$$
$$= 40$$

Mit der verwendeten Parameterkonstellation betragen die Konstanten $p_1 = 8,24$ und $p_2 = 14,12$.[147]

---

[145] Vgl. Abschnitt 5.2.3 für eine genauere Analyse der einzelnen Perioden.
[146] Siehe dazu Formel (3) zur Berechnung von F_{14} und Formel (5) zur Berechnung von P_{14}.

$$P_{14} = 40 + (-1) \times (8{,}24 - 14{,}12 \times 0{,}06) = 40 - 7{,}39 = 32{,}61^{148}$$

Bei fairer rationaler Bewertung des Assets würde sich also ein Preis von 40,00 ergeben. Durch die im IS-Modell abgebildeten irrationalen Verzerrungen bewerten Investoren das Asset jedoch nur mit 32,61. Diese Abweichung ist in Folge der Überreaktion auf die Reihe von negativen Schocks entstanden.

5.2.3 Unter- und Überreaktion

Die im vorherigen Kapitel festgestellten Unterschiede zwischen Fundamentalwert und IS-Preis sind auf Unter- und Überreaktion der Investoren auf die Gewinnschocks zurückzuführen. Die folgende Abbildung zeigt das Ausmaß der Unter- und Überreaktion für die in Abschnitt 5.2.1 beschriebenen Inputdaten des IS-Modells:

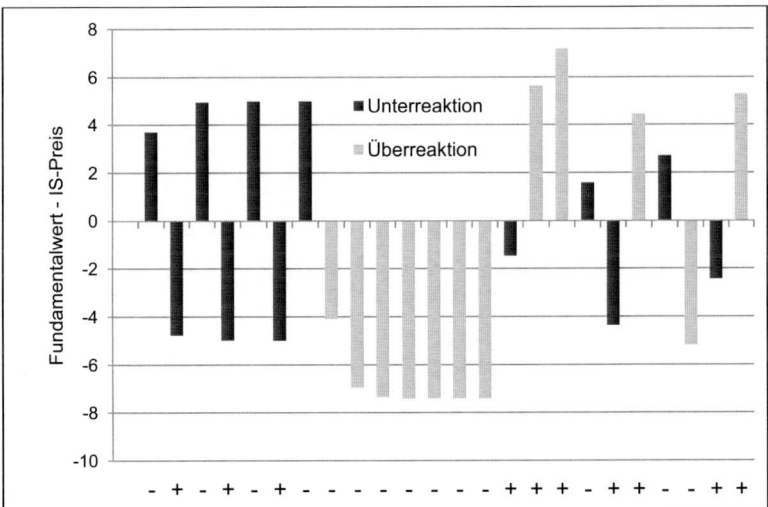

Abb. 9: Unter- und Überreaktion

In drei Abschnitten mit den Perioden 0 bis 8, den Perioden 8 bis 16 und den Perioden 16 bis 24 werden die einzelnen Effekte nun eingehender untersucht.

---

[147] Vgl. die beiliegende MS-Excel-Datei „IS-Modell.xslm" zur Berechnung.

[148] In dieser Untersuchung wird mit auf zwei Stellen gerundeten Zahlen gearbeitet, daher können leichte Unterschiede zu den exakten Werten in der MS-Excel-Datei auftreten.

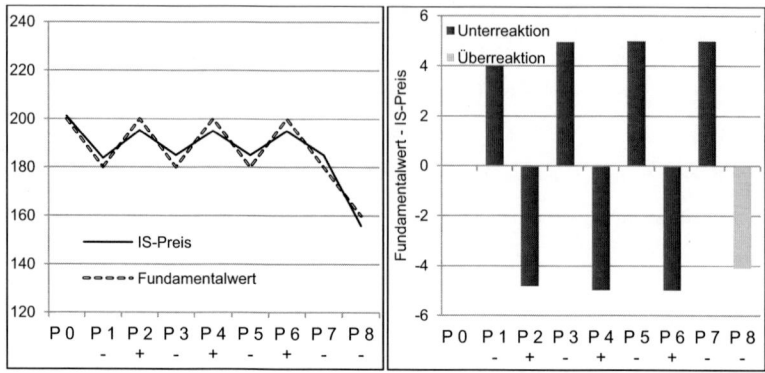

Abb. 10: Perioden 0 bis 8

Von Periode 1 bis Periode 7 ist hier ist eindeutig der Effekt Unterreaktion zu erkennen. Aufgrund der alternierenden Schocks sagt das Modell konservativere
Einschätzungen der Investoren voraus, als durch den Fundamentalwert eigentlich
zu erwarten. Bei herrschender Unterreaktion liegt der Preis nach dem IS-Modell
im Falle eines positiven Schocks immer unter dem Fundamentalwert, bei negativen Schocks immer darüber. Wie auf der rechten Abbildung gut zu erkennen, gibt
es aber eine Obergrenze für das Ausmaß der im IS-Preis enthaltenen Unterreaktion. Da auch nach einer längeren Reihe wechselnder Schocks Investoren das zweite Regime nie komplett ausschließen, steigt q_t bei den gegebenen Parametern auch
nie über 93,73%. Dies stellt den Endzustand des in Abschnitt 4.4.4 beschriebenen
Markow-Prozesses des ersten Modells (mean-reverting) dar. Daher beträgt die
maximale Unterreaktion bei den gegebenen Parametern das 4,99-fache des
Schocks y.

Da in Periode 8 ein weiterer negativer Schock auf den in Periode 7 registrierten
folgt, neigt der Investor jetzt zu Überreaktion ins Negative. Dies ist auf den, in
Tabelle 6 abzulesenden, Anstieg der Wahrscheinlichkeit dafür, dass die Gewinne
von trending-Regime erzeugt werden, von 6% auf 71% zu erklären.

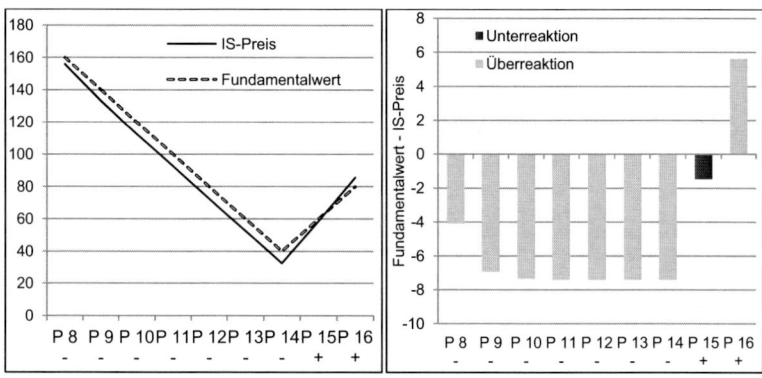

Abb. 11: Perioden 8 bis 16

In den Perioden 8 bis 14 gibt es eine ununterbrochene Folge von schlechten Nachrichten und daraus folgenden negativen Schocks. Dies führt zu Überreaktion bei den Investoren, wodurch der Preis des Assets geringer eingeschätzt wird als der Fundamentalwert. Die Differenz wird umso größer, je länger die Folge von negativen Schocks andauert. Auch für Überreaktion gibt es eine Obergrenze, diese liegt beim 7,42-fachen des Schocks y.

In Periode 15 führt der positive Schock wieder zu einer Unterreaktion. Der zweite positive Schock in Folge reicht in Periode 16 aber schon wieder aus, um den Investor überreagieren zu lassen. Nachdem in Periode 14 aus Sicht des Investors die maximale Wahrscheinlichkeit dafür, dass die Gewinne von Regime 2 erzeugt werden, bestand, lag q_{15} bei 69%. Dies ist ein gutes Stück unterhalb vom oben beschriebenen Maximum 94%. Der Investor ist sich also noch nicht sehr sicher, dass er sich in der Welt von Regime 1 zu befinden. Daher überzeugt ihn der positive Schock in Periode 16 schnell wieder vom trending-Regime, was zu der angesprochenen Überreaktion in dieser Periode führt.

Dieses vom IS-Modell propagierte Verhalten des Investors widerspricht zum Teil der Idee des Konservatismus. Die Erklärung des Modells für Überreaktion auf zwei positive Schocks in Folge nach einer langen Sequenz negativer Nachrichten ist intuitiv schwer nachvollziehbar. Nach Barberis/Shleifer/Vishny sieht der Investor nur eine längere Folge von Schocks derselben Richtung. Dass er daraus schließt, dass ein trending der Schocks wahrscheinlich ist, gleich welcher Richtung, widerspricht der Vorstellung eines konservativen Investors. Nach einer langen Reihe negativer Schocks würde dieser nur zwei positiven Nachrichten in Folge skeptisch gegenüber treten und diese bei seiner Bewertung des Assets vernachlässigen. Diese Ignoranz gegenüber dem Vorzeichen der Schocks an den Schnittstellen von Unter- und Überreaktion macht das Verhalten der Investoren im IS-Modell intuitiv teilweise schwer verständlich.[149]

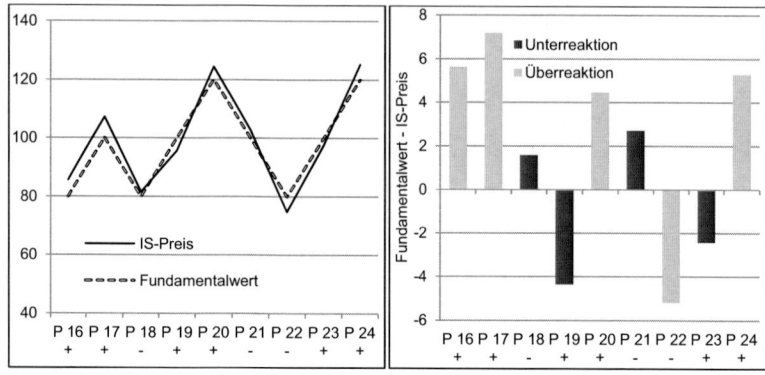

Abb. 12: Perioden 16 bis 24

Die Folge positiver Schocks der Perioden 15 bis 20 wird in Periode 18 durch einen negativen Schock unterbrochen. Nach Überreaktion in den Perioden 16 und 17 folgen nun aufgrund der alternierenden Schocks zwei Perioden mit Unterreaktion. Auch hier ist in Perioden 19 bis 24 wieder zu sehen, dass der IS-Preis schon bei zwei Schocks einer Richtung in Folge überreagiert.

5.3   Analyse der Überrenditen

Die Effekte der Unter- bzw. Überreaktion lassen sich qua Definition durch die Momentum- bzw. Contrarianstrategie ökonomisch ausnutzen. Daher taugen diese Strategien auch zur Überprüfung des IS-Preises auf seine Aussagekraft. Im Folgenden werden zwei Untersuchungen des Modells mithilfe dieses Zusammenhangs vorgestellt. Der Einfluss der Modellparameter auf die erzielbaren Überrenditen wird im Anschluss analysiert.

---

[149] Vgl. Abschnitt 4.3.1 und Abschnitt 4.3.3.

5.3.1 Simulation durch Barberis/Shleifer/Vishny

Im Anschluss an die Formulierung des IS-Modells führen Barberis/Shleifer/ Vishny in ihrer Arbeit eine Simulation mit selbst generierten Inputdaten durch. Ausgehend von einem Gewinn N_t erzeugen sie 2.000 jeweils sechs Perioden[150] andauernde Random Walk Sequenzen. Diese können als Gewinnverläufe 2.000 unterschiedlicher Unternehmen angesehen werden. Um zu verhindern, dass das Modell negative Preise vorhersagt, wird der Schock y_t im Vergleich zu N_t relativ klein gehalten. Daher wird größerer Fokus auf das Vorzeichen des Schocks, als dessen Betrag gelegt.

Bei der Simulation verwenden Barberis/Shleifer/Vishny folgende Parameter:

π_L	⅓
π_H	¾
λ_1	0,1
λ_2	0,3

Tabelle 8: Simulationsparameter (Quelle: in Anlehnung an Barberis/Shleifer/Vishny (1998): 328)

Wie auf den Abbildung 3 zu erkennen, ist so gewährleistet, dass das IS-Modell sowohl die Bedingung für Unter- als auch für Überreaktion erfüllt.[151]

Zur Auswertung der Simulationsergebnisse werden die Unternehmen in zwei Portfolios eingeteilt. Das erste Portfolio besteht aus all den Unternehmen, die über einen Zeitraum von n Perioden nur positive Schocks erfahren haben. Das zweite Portfolio dagegen beinhaltet die Unternehmen mit nur negativen Schocks während der n betrachteten Perioden. Über die sechs untersuchten Perioden werden Abschnitte zwischen ein und vier Perioden betrachtet, es gilt also $1 < n < 4$. Gegenstand der Auswertung ist dann die durchschnittliche Differenz zwischen den Renditen im Jahr nach der Portfoliozusammenstellung:

$$r_+^n - r_-^n$$

---

[150] Eine Periode entspricht dabei ungefähr einem Jahr. Siehe dazu Barberis/Shleifer/Vishny (1998): 329.

[151] Vgl. Barberis/Shleifer/Vishny (1998): 328f.

Die Ergebnisse finden sich in der folgenden Tabelle:

$r_+^1 - r_-^1$	0,0391
$r_+^2 - r_-^2$	0,0131
$r_+^3 - r_-^3$	-0.0072
$r_+^4 - r_-^4$	-0,0309

Tabelle 9: Simulationsergebnisse (Quelle: Barberis/Shleifer/Vishny (1998): 330)

Bei Betrachtung eines kurzen Zeitraums von nur einer Periode ist empirisch Unterreaktion nachgewiesen worden und sollte so auch vom IS-Modell abgebildet
werden. Wie in Abschnitt 4.2.1 erläutert sollte die Rendite in der auf einen positiven Schock folgenden Periode r_+^1 höher sein, als die Rendite in der auf einen negativen Schock folgenden Periode r_-^1. Die Simulation bestätigt dies, dort beträgt
die Differenz fast 4 Prozentpunkte[152]. Wird ein längerer Zeitraum mit Schocks
derselben Richtung betrachtet, sollten die Preise Überreaktion beinhalten. Nach
der Definition aus Abschnitt 4.2.2 sollte die Rendite in der auf mehrere positive
Schocks folgenden Periode r_+^1 unter der Rendite in der auf mehrere negative
Schocks folgenden Periode r_-^1 liegen. Mit ansteigendem n konnte auch dieser Effekt in der Simulation nachgewiesen werden.[153]

Analog zu einigen empirischen Studien in der Literatur[154] führen Barberis/
Shleifer/Vishny noch eine Auswertung mit nach Renditen statt Gewinnen gebildeten Portfolios durch. Diesmal werden die Unternehmen für jeden Zeitraum von n
Perioden in Dezile aufgeteilt, sortiert nach ihrer kumulierten Rendite über n Perioden. Dann wird die durchschnittliche Differenz zwischen der Rendite in der Periode nach Portfoliozusammenstellung des besten Dezils, W, und des schlechtes-
ten Dezils, L, verglichen:

$$r_W^n - r_L^n$$

---

[152] Barberis/Shleifer/Vishny merken an, dass die in der empirischen Literatur beschriebenen Differenzen durchaus größer sind. Dies wird auf das geringe Ausmaß des gewählten Schocks y_t zurückgeführt. Desweiteren werden reine Punktschätzer verwendet und statistische Signifikanz dabei
ausgeblendet. Siehe dazu Barberis/Shleifer/Vishny (1998): 330.

[153] Vgl. Barberis/Shleifer/Vishny (1998): 229f.

[154] Vgl. Jegadeesh/Titman (1993); De Bondt/Thaler (1985).

Die Ergebnisse waren ähnlich zu denen aus der Literatur sowie der vorherigen Simulation:[155]

$r_W^1 - r_L^1$	0,0280
$r_W^2 - r_L^2$	0,0102
$r_W^3 - r_L^3$	-0,0094
$r_W^4 - r_L^4$	-0,0181

Tabelle 10: Simulationsergebnisse (Rendite) (Quelle: Barberis/Shleifer/Vishny (1998): 331)

Der Test ihres eigenen IS-Modells durch Barberis/Shleifer/Vishny brachte also die erhofften Ergebnisse. Mit Folgen zufällig generierter Gewinne konnten die im Rahmen dieser Untersuchung vorgestellten Effekte Unter- und Überreaktion durch das Modell erzeugt werden.

Murschall führte eine sehr ähnliche Simulation zum Nachweis der Aussagekraft des IS-Modells in Bezug auf die Momentum- und Contrarianstrategie durch Er veränderte die Parameter leicht und simulierte insgesamt 13 Perioden. Zur Bildung der beiden Vergleichsportfolios mit nur positiven bzw. nur negativen Schocks, wählte er Zeiträume zwischen ein und sechs Perioden. Die Renditen wurden über einen ebenfalls n entsprechenden Zeitraum beobachtet und gemittelt. Das Endresultat stellten nicht die direkten Differenzen der Renditen dar, sondern die inhaltlich vergleichbare Differenz, der mit der CAR-Analyse[156] ermittelten, unerwarteten Renditen:

---

[155] Vgl. Barberis/Shleifer/Vishny (1998): 330; Murschall (2007): 114ff.

[156] CAR steht für „Cumulative Abnormal Return" also über den Betrachtungszeitraum kumulierte abnormale Renditen. Die abnormale Rendite entspricht der realisierten Rendite abzüglich der erwarteten Rendite. Siehe dazu Hilpisch (2005): 245.

Halteperioden	Unerwartete Rendite
1	0,0224
2	-0,0089
3	-0,0218
4	-0,0303
5	-0,0391

Tabelle 11: Unerwartete Renditen (Quelle: Murschall (2007): 115)

Im Vergleich mit Tabellen 10 und 11 zeigt sich, dass die Ergebnisse sehr ähnlich sind. Sie weisen dieselbe Struktur der Renditedifferenzen auf, und Murschall sieht die Momentum- und Contrarianstrategie bestätigt.[157] Dieses Resultat steht auch im Einklang mit anderen empirischen Studien aus der Literatur zu diesem Aspekt der Behavioral Finance.[158]

5.3.2 Parametersensitivität

Durch das Bilden und Auswerten von „Gewinner-" und „Verliererportfolios", analog zu der in Abschnitt 5.3.1 beschriebenen Vorgehensweise, analysiert Murschall die Sensitivität des IS-Modells auf Parameteränderungen. Die Differenz der irrationalen Überrenditen tauchen dabei in der bekannten Struktur[159] für alle getesteten Parameterkonstellationen auf. Die Ausprägung dieses Effektes ist aber nicht konstant.

Je größer der Unterschied zwischen den angenommenen Wahrscheinlichkeiten π_1 und π_2 ist, desto größer sind auch die jeweiligen Differenzen der Portfoliorenditen. Ein geringer Unterschied zwischen π_1 und π_2 bedeutet, dass beide nahe bei 0,5 liegen. Wie oben erläutert, kommt diese Konstellation aber einem durch

---

[157] Vgl Murschall (2007): 114ff.

[158] Es war Barberis/Shleifer/Vishny auch möglich den Einfluss des KGV auf zukünftige Renditen nachzuweisen. Für die oben beschriebene Simulation erzielten Portfolios mit den Unternehmen, die die niedrigsten KGVs aufwiesen, um 4,35 Prozentpunkte höhere Renditen in der Periode nach Portfoliozusammenstellung als die Portfolios mit Unternehmen mit den höchsten KGVs. Dies entspricht den in Abschnitt 4.2.2 angesprochenen empirischen Befunden. Siehe dazu Barberis/Shleifer/Vishny (1998): 330f. Zu beachten ist, dass das KGV dem Kehrwert der E/P-Ratio entspricht.

[159] Positiv über einen kurzen Zeitraum, mit fließendem Übergang ins Negative bei längeren Zeiträumen.

einen Random Walk generierten Gewinnverlauf nahe. In diesem Fall wären die Gewinne also kaum vorhersehbar und damit auch schwerlich Überrenditen erzielbar.

Der Einfluss der Regimewechselwahrscheinlichkeiten ist etwas komplexer. Mit ansteigendem λ_2 sinken die erzielbaren Überrenditen. Allerdings weitaus stärker bei den über einen längeren Zeitraum zusammengestellten Portfolios. Dies ist intuitiv nachvollziehbar, da λ_2 die Wahrscheinlichkeit für einen Wechsel vom trending zum mean-reverting-Regime darstellt. Ist diese Wahrscheinlichkeit hoch, sind die in den vorherigen Perioden gewonnen Informationen über die im Portfolio vertretenen Unternehmen weniger wertvoll. Deren zukünftige Entwicklung zu prognostizieren fällt schwerer und somit sinken die Überrenditen. Für λ_1 gilt eingeschränkt dieselbe Beobachtung. Auch hier hat ein Anstieg des Parameters ein Absinken der Renditedifferenzen zur Folge. Der zweite beschriebene Effekt ist bei Murschalls Simulation jedoch nicht zu beobachten. Generell gilt aber wie auch bei π_1 und π_2, dass die Höhe der Überrenditen zurückgeht, je weiter sich λ_1 und λ_2 0,5 annähern.[160]

5.4 Empirische Überprüfung mit Ad Hoc Mitteilungen

Eine Überprüfung des IS-Modells mit realen Daten statt einer generierten Reihe von Schocks führt Murschall in seiner Doktorarbeit durch. Dabei untersucht er Ad Hoc Mitteilungen von an deutschen Börsen amtlich gehandelten Unternehmen[161] und deren Auswirkungen auf die Renditen.

Diese Ad Hoc Mitteilungen eignen sich gut zur Überprüfung des IS-Modells, da sie Informationen darstellen, die den Fundamentalwert einer Aktie beeinflussen und darüber hinaus allen Investoren zeitgleich zur Verfügen stehen.[162] Aufgrund der begrenzten Anzahl der Mitteilungen bündelt Murschall die 56 Unternehmen mit mindestens acht Mitteilungen in zehn Portfolios. Die Aufteilung erfolgt grö-

---

[160] Vgl. Murschall (2007): 233ff.

[161] Als Datengrundlage dient DAFOX, der Deutsche Aktienforschungsindex. Siehe dazu Universität Karlsruhe, Abteilung Finanzmärkte und Informationen (2012).

[162] Vgl. WpHG (2011) Um eine Ad Hoc Mitteilung nach $15 WpHG zu sein, muss eine Nachricht
- eine neue Tatsache darstellen,
- zur erheblichen Kursbeeinflussung geeignet sein,
- nicht öffentlich bekannt sein und
- Emittentenbezug besitzen.
Siehe dazu Murschall (2007): 189.

ßenabhängig nach Marktkapitalisierung. Insgesamt können so für jedes Portfolio zwischen 27 und 39 Ad Hoc Mitteilungen ausgewertet werden.[163] Mithilfe der abnormalen Renditen am Tag der Mitteilung ermittelt Murschall die Wirkung auf den Fundamentalwert einer Aktie und kann die Ad Hoc Mitteilung als positiv oder negativ klassifizieren. Für jedes Portfolio wird dann mit der gegebenen Reihe von Schocks ein IS-Preisverlauf berechnet und die erwartete Unter- bzw. Überreaktion festgestellt.[164]

Um die Aussagekraft des IS-Modells zu überprüfen wird dann anhand folgender Tabelle die tatsächliche Reaktion des Portfolios ermittelt:

Schock auf Ad Hoc Meldung	Reaktion am nächsten Handelstag	Psychologische Reaktion
Positiv	Positiv	Unterreaktion
	Negativ	Überreaktion
Negativ	Positiv	Überreaktion
	Negativ	Unterreaktion

Tabelle 12: Reaktionen auf Ad Hoc-Meldungen (Quelle: in Anlehnung an Murschall (2007): 243)

Die Reaktion am nächsten Handelstag wird wieder durch abnormale Renditen bewertet. Beim Vergleich der vorhergesagten Reaktion mit der tatsächlich festgestellten, ergib sich ein ernüchterndes Ergebnis. 168 Übereinstimmungen stehen 161 Abweichungen gegenüber. Die Reaktion auf die 329 untersuchten Ad Hoc Mitteilungen ist demnach mit dem IS-Modell unter den gegebenen Umständen nicht möglich. Neben den möglicherweise falsch gewählten Parametern nennt Murschall weitere Ursachen für das Versagen des Modells. So wird eine „Normalreaktion" ausgeschlossen, da die Untersuchung für jede Mitteilung zwanghaft entweder Unter- oder Überreaktion erwartet. Auch die tatsächliche Reaktion könnte nach Murschall anders ermittelt werden, nämlich durch Beobachtung der Renditen über mehrere Tage vor und nach der Mitteilung statt nur am folgenden Handelstag.[165]

---

[163] Vgl. Murschall (2007): 179ff.
[164] Dabei wurden folgende Parameter gewählt: $\pi_L = 0,3$; $\pi_H = 0,7$; $\lambda_1 = 0,2$; $\lambda_2 = 0,3$; $q_0 = 0,5$. Siehe dazu Murschall (2007): 111.
[165] Vgl. Murschall (2007): 241ff.

In einem weiteren Test setzt Murschall diese Verbesserungen um, die Ergebnisse sind jedoch sehr ähnlich. Sie lassen auch nur den Schluss zu, dass das IS-Modell mit den gewählten Parametern keine signifikante Aussagekraft für die Realität aufweist.[166]

Um eventuelle Verbesserungen des Modells zu erreichen, führt Murschall Schätzungen und Tests der Regimewechselparameter λ_1 und λ_2 mithilfe verschiedener statistischer Methoden durch. Es wurden keine Kombinationen gefunden, mit denen das IS-Modell die oben erläuterten empirischen Daten wie von Barberis/ Shleifer/Vishny beschrieben, vorhersagen konnte. Murschalls Tests konnten also keine statistisch signifikante Aussagekraft des IS-Modells für Reaktion auf Ad Hoc Mitteilungen des deutschen Aktienmarktes aufzeigen.[167]

5.5 Bewertung des Modells

Nachdem das IS-Modell nun ausführlich vorgestellt wurde und Tests seiner Implikationen durchgeführt wurden, soll nun eine Bewertung der gewonnen Informationen und Zusammenhänge erfolgen. Zuerst werden dabei noch einige kritische Bemerkungen von Barberis/Shleifer/Vishny dargelegt. Im Anschluss erfolgt eine Evaluierung von Idee und Umsetzung des Modells.

5.5.1 Bemerkungen von Barberis/Shleifer/Vishny

Ein kritischer Punkt des IS-Modells ist das Zusammenspiel von Unter- und Überreaktion. Dies sehen auch seine Entwickler so. Streicht z.B. ein Unternehmen seinen Aktionären die Dividende, ist dies eine schlechte Nachricht. Empirisch ist erwiesen[168], dass der Kurs auch nach dieser Nachricht weiter sinkt – es tritt also Unterreaktion auf. Dividenden werden aber meist in Folge mehrerer schlechter Gewinnmitteilungen gestrichen, also zu einem Zeitpunkt, wo eigentlich Überreaktion zu erwarten wäre.

Ähnliches gilt für die Ankündigung eines Aktiensplits. Dieser positive Schock wird von einem über die nächsten Perioden steigenden Kurs begleitet – Investoren

---

[166] Vgl. Murschall (2007): 244ff.

[167] Vgl. Murschall (2007): 247ff. für eine ausführliche Beschreibung des Vorgehens und der Ergebnisse.

[168] Vgl. Michaely/Thaler/Womack (1995).

haben also auf die neuen Informationen unterreagiert. Gleichzeitig gilt aber, dass Aktiensplits häufig nach längeren Kursanstiegen durchgeführt werden, welche Überreaktion verursachen.[169]

Als Erklärung für dieses vermeintlich gleichzeitige Auftreten beider Effekte führen Barberis/Shleifer/Vishny unterschiedliche Arten von Nachrichten bzw. Informationen an. Investoren beobachten eine Folge von positiven oder negativen Gewinnmitteilungen und nutzen diese, um die zukünftigen Gewinne zu prognostizieren. Die Streichung der Dividende oder ein Aktiensplit werden isoliert davon betrachtet, da es Nachrichten einer anderen Kategorie sind. Die Serie von negativen Gewinnmitteilungen kann daher zu einer Überreaktion führen, während gleichzeitig die Streichung der Dividende eine negative Nachricht darstellt, die einzeln bewertet wird und Unterreaktion der Investoren zu Folge hat.[170]

Eine weitere Schwäche des IS-Modells tritt bei glamour stocks auf. Nach einer langen Reihe von positiven Schocks sagt das Modell nur Überreaktion vorher. Es ist aber empirisch bewiesen, dass Investoren auf eine Gewinnmitteilung eines glamour stocks unterreagieren können. Barberis/Shleifer/Vishny schlagen vor, das Modell so zu erweitern, dass Investoren separate Einschätzungen über Gewinnwachstum und das Gewinnniveau treffen.[171]

5.5.2 Beurteilung von Idee und Umsetzung

Einen ersten Ansatzpunkt für Kritik bietet die grundsätzliche Zielsetzung von Barberis/Shleifer/Vishny das ganze Ausmaß der irrationalen Abweichung vom Fundamentalwert auf zwei psychologische Phänomene zurückzuführen. Der Abschnitt 3.2 hat gezeigt, dass in der Behavioral Finance eine Vielzahl von Erklärungsansätzen und empirisch nachgewiesene Effekte existieren. Mit dem Fokus auf Konservatismus und Repräsentationsheuristik werden die anderen Phänomene ausgeblendet. Daher ist es nicht überraschend, dass bei der empirischen Überprüfung des IS-Modells von Murschall keine statistisch signifikante Aussagekraft über die zu erwartenden Renditen festgestellt werden konnte.

Betrachtet man aber eine Welt mit nur den beiden angesprochenen Effekten, erfüllt das IS-Modell seinen Zweck. Die Erläuterungen und Schlussfolgerungen von

---

[169] Vgl. Ikenberry/Rankine/Stice (1996).
[170] Vgl. Barberis/Shleifer/Vishny (1998): 331f.
[171] Vgl. Barberis/Shleifer/Vishny (1998): 332.

Barberis/Shleifer/Vishny über den Zusammenhang von Konservatismus und Unterreaktion sowie Repräsentativitätsheuristik und Überreaktion sind nachvollziehbar, ebenso das darauf aufbauende Modell. Für dessen Formulierung sowie die mathematische Beweisführung der Modellimplikationen gilt, bis auf eine Ausnahme[172], dasselbe. Daher konnten in verschiedenen Simulationen Unter- und Überreaktion in der erwarteten Form durch das IS-Modell erzeugt werden. Die durch Ausnutzen der irrationalen Abweichungen des IS-Preises vom Fundamentalwert erzielbaren Überrenditen konnten mit diesen Simulationen ebenfalls nachgewiesen werden. Grundgedanke, Aufbau sowie Implementierung des Modells sind also in sich schlüssig und konsistent.

Die Annahme, dass Investoren nicht aus vergangenen Fehlern lernen, erscheint zunächst unrealistisch. Thaler hat aber genau dieses festgestellt und begründet es mit dem fehlenden Feedback. So erhalten Investoren für ihre Bewertung eines Assets kaum nachvollziehbares Feedback. Es ist ex post fast unmöglich zu beurteilen, ob eine Investitionsentscheidung sich rentiert hat weil der Investor „den Markt geschlagen" hat oder weil sich der Kurs im Rahmen des Random Walk nur in die erhoffte Richtung bewegt hat. Auch ist der Zeitpunkt eine Entscheidung zu evaluieren nicht eindeutig. Es könnte kurz vor einem starken Kursverlust eine Kaufentscheidung als richtig bewertet werden, die sich nach diesem Absturz als falsch herausstellt. Ebenso könnte diese negativ bewertete Entscheidung aber doch richtig gewesen sein, weil der Kursverlust selbst mit vollständigen Informationen zum Zeitpunkt der Entscheidung nicht zu erwarten war. Thaler stellt dazu fest, dass Meteorologen die einzige Berufsgruppe sind, die aus ihren Einschätzungen lernen und so ihre Prognosen verbessern. Er führt dies auf das schnelle, präzise und wiederholte Feedback zurück, das diese täglich erhalten.[173]

Unter Berücksichtigung dieser Umstände spricht die getroffene Annahme über das „Nicht-Lernen" der Investoren nicht gegen das Modell von Barberis/Shleifer/ Vishny Eine andere Annahme des Modells bietet aber Ansatz für Kritik: Die unterstellten gleichverteilten Schocks. Dass diese nicht der Realität entsprechen ist offensichtlich, vielmehr muss von einer asymmetrischen Verteilung ausgegangen werden.[174] Diese könnte dann auch das plötzliche Platzen irrationaler Spekulationsblasen abbilden, welches ein immer wiederkehrender Vorgang an den Kapi-

---

[172] Die genaue Berechnung der Variablen $\bar{q}^e$ und q^e bleibt unklar. Siehe dazu Abschnitt 5.1.

[173] Vgl. Thaler (1994): 157f.

[174] Vgl. Averbeck (2010): 6; Averbeck (2010): 24.

talmärkten ist. Das IS-Modell vernachlässigt diese vermeintlich unwahrscheinlichen Vorgänge und konzentriert sich auf die kurzfristigen Schwankungen um den Fundamentalwert.[175]

Wie Barberis/Shleifer/Vishny im vorherigen Abschnitt anmerken, kann die Abbildung von sowohl Unter- als auch Überreaktion in einem gemeinsamen Modell zu Problemen führen. Das Zusammenspiel der beiden Effekte ist zwar im IS-Modell durch den Regimewechselprozess nachvollziehbar umgesetzt, das Ergebnis aber nicht immer intuitiv verständlich.[176] Auch hier gilt, dass die Welt des Modells eine sehr starke Vereinfachung der Realität darstellt.

5.6 Erweiterungen des Modells

Im Folgenden werden noch einige Weiterentwicklungen und Verbesserungsvorschläge für das IS-Modell aus der Literatur beschrieben. Desweiteren wird ein verwandtes Modell kurz vorgestellt.

5.6.1 Pseudo Bayessches Modell

Ausgehend von Barberis/Shleifer/Vishny Idee, entwickelten Lam, Liu und Wong ein Modell, welches sich auf den Prozess der Anpassung von Einschätzungen oder Bewertungen angesichts neuer Informationen konzentriert.[177] Sie versuchen damit ebenfalls die psychologischen Effekte Konservatismus und Repräsentativitätsheuristik zu erklären, benutzen aber andere Annahmen als das IS-Modell.

Im Pseudo Bayessschen Modell[178] kennen Investoren das korrekte Modell, nachdem Gewinne erzeugt werden. Sie denken also nicht in den beiden Regimes des IS-Modells. Die irrationale Abweichung, welche die oben angesprochenen Effekte erklärt, ist bei Lam/Liu/Wong in der Methode der Anpassung von Einschätzungen an neue Gegebenheiten zu finden. Die Vorzüge dieser Weiterentwicklung liegen laut ihrer Entwickler in der Tatsache, dass es psychologisch erwiesen ist, dass Individuen irrationale Einschätzungen aufgrund falscher Gewichtung von Infor-

---

[175] Vgl. Daniel/Hirshleifer/Subrahmanyam (1998): 1843.
[176] Vgl. Abschnitt 5.2.3.
[177] Vgl. Lam/Liu/Wong (2010).
[178] Im Weiteren als „PB-Modell" bezeichnet.

mationen treffen.[179] Außerdem gibt dieses Vorgehen die Möglichkeit durch Änderungen an der Gewichtung, verschiedene Anomalien darzustellen und zu quantifi-
zieren. Schließlich ist dadurch auch das Aufstellen weiterer Hypothesen, über
Unter- und Überreaktion hinaus, möglich.[180]

Einen weiteren Unterschied stellt der Schock y_t dar. Im PB-Modell ist dieser normalverteilt mit Erwartungswert μ und Varianz σ^2. Während die Varianz den Investoren bekannt ist, müssen sie den Erwartungswert schätzen. Dabei kommt es
zu den oben angesprochenen irrationalen Abweichungen. Die Schätzung erfolgt
mithilfe der zuvor beobachteten Schocks. Die rationale Abschätzung erfolgt nach
folgender Formel:

$$P(\mu|y_1, ..., y_t) \sim \prod_{i=1}^{t} L(y_{t-i+1}|\mu)$$

Jeder der beobachteten Schocks wird dabei gleich stark gewichtet und somit der
Erwartungswert abgeschätzt. Lam/Liu/Wong. gehen aber davon aus, dass Investoren nicht so rational handeln, sondern jedem beobachteten Schock y_i ein individu-
elles Gewicht ω_i zuweisen.[181] Der aktuellen Periode t wird das Gewicht ω_1 zuge-
wiesen, der Schock in t-1 wird mit ω_2 gewichtet und so weiter. Demnach erfolgt
ihre Abschätzung nach folgender Formel:

$$P(\mu|y_1, ..., y_t) \sim \prod_{i=1}^{t} L(y_{t-i+1}|\mu)^{\omega_i}$$

Für den Fundamentalwert gilt die Formeln (3) aus dem IS-Modell. Der davon
abweichende Preis $P_{PB,t}$ nach dem PB-Modell berechnet sich dann als:

$$P_{PB,t} = \frac{\sum_{i=1}^{t} y_i}{\delta} + \frac{(1 + \delta)}{\delta^2} \times \frac{\omega_t y_1 + ... + \omega_1 y_t}{W_t}$$

W_t ist dabei die Summe der Gewichte ω_t.[182]

---

[179] Nach Lam/Liu/Wong werden irrationale Entscheidungen nicht aufgrund einer falschen Vorstellung davon, wie die Welt funktioniert, getroffen. Dies ist aber der Fall im IS-Modell, wo Investoren sich die Welt vorstellen als zwischen den beiden Regimes, trending und mean-reverting,
schwankend. Siehe dazu Lam/Liu/Wong (2010): 3; Abschnitt 4.4.3.

[180] Vgl. Lam/Liu/Wong (2010): 3f.

[181] Die Gewichte müssen nicht zwingend in Summe eins ergeben. Siehe dazu Lam/Liu/Wong
(2010): 8.

[182] Vgl. Lam/Liu/Wong (2010): 7ff.

Konservatismus kann dann durch Gewichte nach folgendem Schema erzeugt werden:

$$0 \leq \omega_1 < \omega_2 < ... < \omega_{n_0} = \omega_{n_0+1} = ... = 1$$

n_0 stellt dabei den Zeitpunkt dar, ab dem die neueren Informationen untergewichtet werden. Nach Edwards ist anzunehmen, dass n_0 zwischen 2 und 5 liegt.[183] Für die Repräsentativitätsheuristik gilt das umgekehrte Schema:

$$1 = \omega_1 = \omega_2 = ... = \omega_{m_0} > \omega_{m_0+1} > ... \geq 0$$

Analog ist hier m_0 der Zeitpunkt ab dem den älteren Informationen geringeres Gewicht beigemessen wird. Die Investoren halten die aktuelleren Informationen für aussagekräftiger, was zu einem verstärkten Fokus auf Trends führt. Aggregiert man die beiden Schemata, können wie beim IS-Modell beide Effekte abgebildet werden:

$$0 \leq \omega_1 < \omega_2 < ... < \omega_{n_0} = \omega_{n_0+1} = ... = \omega_{m_0} = 1 > \omega_{m_0+1} > ... \geq 0$$

Das letzte Schema kann sowohl beide Effekte, als auch nur Konservatismus[184], als auch nur Repräsentativitätsheuristik,[185] als auch keinen Effekt[186] abbilden.[187]

Lam/Liu/Wong nutzen dann die Autokorrelation von Renditen sowie die oben beschriebenen Zusammenhänge, um das Auftreten von Unter- und Überreaktion zu beweisen.[188] Positive Autokorrelation der Renditen tritt bei Unterreaktion auf, negative Autokorrelation der Renditen bei Überreaktion. Im Rahmen dessen zeigt das PB-Modell auch auf, warum die Momentum- und Contrarianstrategie[189] jeweils profitabel sind. Der Ertrag der Strategien ist allerdings stark vom Abzinsfaktor δ abhängig. Je niedriger dieser ist, desto wichtiger ist es zukünftige Gewinne korrekt vorherzusagen. Dafür kann das PB-Modell verwendet werden.[190]

---

[183] Dies ist seiner Meinung nach die Anzahl an Beobachtungen, die ein Individuum machen muss, um seine Einschätzung so anzupassen, wie es nach einer Beobachtung rational angemessen wäre. Siehe dazu Kahneman/Slovic/Tversky (1982): 359.

[184] Mit $m_0 = \infty$.

[185] Mit $n_0 = 0$.

[186] Mit $m_0 = \infty$ und $n_0 = 0$. Dies gilt für rationale Investoren.

[187] Vgl. Lam/Liu/Wong (2010): 10f.

[188] Vgl. Lam/Liu/Wong (2010): 15ff; Lam/Liu/Wong (2010): 23ff.

[189] Vgl. Abschnitt 4.3.1; Abschnitt 4.3.2.

[190] Vgl. Lam/Liu/Wong (2010): 15ff; Lam/Liu/Wong (2010): 21f.

5.6.2 Arbitrage

Shleifer schlägt vor[191], das IS-Modell um risikoaverse Arbitragehändler zu ergänzen. Er geht jedoch nicht davon aus, dadurch die irrationalen Preisabweichungen zu eliminieren. Unter der Voraussetzung, dass diese Händler das IS-Modell kennen, vermutet er vielmehr, dass sie häufig genauso handeln werden wie die anderen Investoren. Auch wenn ein Asset überbewertet sein sollte, geht der Arbitragehändler bei herrschender Überreaktion davon aus, dass der Preis weiter steigt. Also wird er dieses Asset ebenfalls kaufen. Im IS-Modell sorgt Arbitrage demnach nicht unbedingt dafür, Preisanomalien zu beseitigen und Assets mit ihrem Fundamentalwert zu bewerten.[192]

5.6.3 Overconfidence & Self-Attribution

Wie von Barberis/Shleifer/Vishny angemerkt[193], haben Daniel/Hirshleifer/ Subrahmanyam. ein ähnliches Modell entwickelt.[194] Unter- und Überreaktion steht dort ebenfalls im Mittelpunkt des Interesses, allerdings mit anderer psychologischer Fundierung. Overconfidence ist die Überschätzung eines Investors seiner persönlichen Fähigkeiten nicht-öffentliche Informationen zu generieren und zu analysieren. Self-Attribution tritt auf, wenn ein Investor diesen vermeintlichen Informationsvorsprung durch Kursbewegungen oder öffentliche Informationen später bestätigt sieht.

Daniel et al. berufen sich auf dieselben empirischen Forschungsergebnisse und so gestehen Barberis/Shleifer/Vishny ihnen zu, dass beide Modelle möglicherweise die Daten in der Realität erklären. Zum genauen Zusammenspiel der Modelle machen sie keine weiteren Andeutungen. Teilweise widersprechen sich die Erklärungen der Modelle auch. Während das IS-Modell die kurzfristige Abweichung nach Gewinnmitteilungen als Unterreaktion auf die neuen Informationen auffasst, interpretieren Daniel et al. dies als eine Überreaktion auf schon bekannte Informationen, die durch die neue Mitteilung ausgelöst wurde.

---

[191] Vgl. Shleifer (2000): 144f.
[192] Vgl. Abschnitt 4.4.1.
[193] Vgl. Barberis/Shleifer/Vishny (1998): 310.
[194] Vgl. Daniel/Hirshleifer/Subrahmanyam (1998).

6   Fazit

Aufbauend auf den Modellen der klassischen Kapitalmarkttheorie sowie den Ansätzen der Behavioral Finance geht diese Untersuchung der Frage nach, ob das IS-Modell Unter- und Überreaktion schlüssig erklären kann.

Unter- bzw. Überreaktion beruhen auf den psychologischen Phänomenen Konservatismus bzw. Repräsentationsheuristik. Diese Phänomene sorgen dafür, dass Investoren bestimmte Informationen bezüglich des Wertes eines Assets fehlinterpretieren. Dadurch bilden sie falsche Erwartungen hinsichtlich der zukünftigen Renditen, was zu einem, vom fundamentalen und gleichgewichtigen Preis des Assets abweichenden, Marktpreis führt. Da diese Abweichung von der klassischen Kapitalmarkttheorie durch irrationales Investorenverhalten bedingt ist, zählen Unter- und Überreaktion zur Behavioral Finance.

Unterreaktion entsteht in Folge sich abwechselnder positiver und negativer Nachrichten zu den Gewinnen eines Assets. Konservative Investoren vernachlässigen die Aussagekraft der Nachrichten, da sie sich weiterhin stark an ihrer bisherigen Bewertung orientieren. Das IS-Modell sagt daher bei Unterreaktion Kursverläufe mit geringen Ausschlägen vorher, als der fundamentale Wert gerechtfertigt. Die Repräsentativitätsheuristik lässt Investoren in Folgen von Nachrichten einer Richtung (jeweils positiv oder negativ) Trends erkennen, die auf weitere Nachrichten derselben Richtung hinweisen. Dies lässt den Preis nach IS-Modell nach positiven Nachrichten stärker steigen und bei negativen stärker fallen als der fundamentale Wert hergibt.

Überprüfungen der Darstellung dieser Zusammenhänge im IS-Modell im Rahmen dieser Untersuchung und der Literatur haben ergeben, dass sowohl Unter- als auch Überreaktion durch das Modell erklärt werden können. Innerhalb der von Barberis/Shleifer/Vishny gegebenen Restriktionen erzeugt das Modell aus einer Reihe von Nachrichten die erwarteten, vom Fundamentalwert abweichenden, Preise. Es treten dabei jedoch einige Schwachpunkte auf, die es zweifelhaft erscheinen lassen, das IS-Modell bei echten Kapitalmarktentscheidungen anzuwenden. Auch ein in der Literatur durchgeführter empirischer Test mit echten Marktdaten stellt dem Modell ein schlechtes Zeugnis aus. Es ist in diesem Test nicht in der Lage die Renditen vorherzusagen, die in Folge von Unter- und Überreaktion in der Realität auftreten.

Die Erweiterungen des IS-Modells in der Literatur bringen zwar etwas differenziertere Sichtweisen ein, sind aber empirischen ebenfalls (noch) nicht erfolgreich getestet. Daher bleibt festzuhalten, dass das IS-Modell in seiner, durch strikte Restriktionen und vereinfachende Annahmen definierten, Welt die gesetzten Ziele – Abbildung von Unter- und Überreaktion in einem integrierten Modell – erfüllt. Durch die Veranschaulichung dieser zwei bedeutenden Effekte im Rahmen der Behavioral Finance leisten Barberis/Shleifer/Vishny einen wichtigen Beitrag auf diesem Fachgebiet. Darüber hinaus ist allerdings keine Relevanz für die praktische Anwendung gegeben.

Literaturverzeichnis

Aiyagari, S. Rao/Gertler, Mark (1998): "Overreaction" of Asset Prices in General Equilibrium. National Bureau of Economic Research Working Paper 6747. Cambridge, Massachusetts: National Bureau of Economic Research.

Allingham, Michael (2002): Choice Theory: A Very Short Introduction. Oxford: Oxford University Press.

Arkes, Hal R./Ayton, Peter (1999): The Sunk Cost and Concorde Effects: Are Humans Less Rational Than Lower Animals? In: Psychological Bulletin, 125 (5): 591–600.

Averbeck, Daniel (2010): Die Rolle der Behavioral Finance bei der Preisbildung an Aktienmärkten. Implikationen für die Entstehung von Spekulationsblasen. Saarbrücken: VDM Verlag Dr. Müller.

Barberis, Nicholas/Shleifer, Andrei/Vishny, Robert (1998): A model of investor sentiment. In: Journal of Financial Economics, 49: 307-343.

Barberis, Nicholas/Thaler, Richard H. (2003): A Survey of Behavioral Finance. In: Handbook of the Economics of Finance, 2003 (1): 1053-1128.

Bernard, Victor L./Thomas, Jacob K. (1990): Evidence that stock prices do not fully reflect the implications of current earnings for future earnings. In: Journal of Accounting and Economics, 13: 305-341.

Bungartz, Hans-Joachim/Zimmer, Stefan/Buchholz, Martin/Pflüger, Dirk (2009): Modellbildung Und Simulation: Eine Anwendungsorientierte Einführung. Berlin/Heidelberg: Springer.

Campbell, John Y./Lo, Andrew Wen-Chuan/MacKinlay, Archie Craig (1997): The Econometrics of Financial Markets. Princeton, New Jersey: Princeton University Press.

Chopra, Navin/Lakonishok, Josef/Ritter, Jay R. (1992): Measuring abnormal performance: Do stocks overreact? In: Journal of Financial Economics, 31 (2): 235-268.

Daniel, Kent/ Hirschleifer, David/Subrahmanyam, Avanidhar (1998): Investor Psychology and Security Market Under- and Overreactions. In: The Jounal of Finance, 53 (6): 1839-1885.

De Bondt, Werner (1993): Betting on trends: Intuitive forecasts of financial risk and return. In: International Journal of Forecasting, 9: 355-371.

De Bondt, Werner/Thaler, Richard (1985): Does the Stock Market Overreact? In: Journal of Finance, 40: 793-808.

Fama, Eugene (1970): Efficient Capital Markets: A Review of Theory and Empirical Work. In: Journal of Finance, 25 (2): 383–417.

FitchRatings (2012): Sovereigns. URL: http://www.fitchratings.com/jsp/sector/Sector.faces?selectedTab=Issuers, Abruf am 07.02.2012.

Forbes, William (2010): Behavioural Finance. Chichester: Wiley.

Frieder, Laura (2004): Earnings Announcements, Order Flow, and Returns. AFA 2005 Philadelphia Meetings Paper. West Lafayette, Indiana: The Krannert School of Management, Purdue University.

Griffin, Dale/Tversky, Amon (1992): The Weighing of Evidence and the Determinants of Confidence, In: Cognitive Psychology 24: 411-435.

Guo, Zhaohui (2002): Behavioral Finance: Die empirische Überprüfbarkeit behavioraler Modelle. Universität St.Gallen, Hochschule für Wirtschafts-, Rechts- und Sozialwissenschaften Dissertation Nr. 2625. St.Gallen: HSG.

Hamilton, James D. (1989): A new approach to the Economic Analysis of Nonstationary Time Series and the Business Cycle, In: Econometrica, 57: 357-384.

Harrington, Diana R. (1987): Modern Portfolio Theory, The Capital Asset Pricing Model, And Arbitrage Pricing Theory. A User's Guide, 2. Aufl. Englewood Cliffs, New Jersey: Prentice-Hall.

Hilpisch, Yves (2005): Kapitalmarktorientierte Unternehmensführung. Grundlagen der Finanzierung, Wertorientierung und Corporate Governance. Wiesbaden: Gabler.

Hong, Harrison/Lim, Terence/Stein, Jeremy C. (2000): Bad News Travels Slowly: Size, Analyst Coverage, and the Profitability of Momentum Strategies. In: The Journal of Finance, 55 (1): 265-295.

Hong, Harrison/Stein, Jeremy C. (1999): A Unified Theory of Underreaction, Momentum Trading and Overreaction in Asset Markets. In: Journal of Finance, 54: 2143–2184.

Hubbard, Douglas W. (2009): The Failure of Risk Management: Why It's Broken and How to Fix It. Hoboken, New Jersey: John Wiley & Sons.

Ikenberry, David L./Rankine, Graeme/Stice, Earl K. (1996): What Do Stock Splits Really Signal? In: Journal of Financial and Quantitative Analysis, 31: 357-375.

Jegadeesh, Narasimhan/Titman, Sheridan (1993): Returns to Buying Winners and Selling Losers: Implications for Stock Market Efficiency, In: Journal of Finance, 48: 65-91.

Jegadeesh, Narasimhan/Titman, Sheridan (1999): Profitability of Momentum Strategies: An Evaluation of Alternative Explanations. National Bureau of Economic Research Working Paper 7159. Cambridge, Massachusetts: National Bureau of Economic Research.

Kahneman, Daniel/Slovic, Paul/Tversky, Amos (1982): Judgment under uncertainty: Heuristics and biases. Cambridge/New York/Melbourne: Cambridge University Press.

Kahneman, Daniel/Tversky, Amos (1979): Prospect Therory: An Analysis of Decision Under Risk. In: Econometrica, 47 (2): 263–291.

Keynes, John M. (1936): The General Theory of Employment, Interest and Money. London: Maximilian.

Lam, Kin/Liu, Taisheng/Wong, Wing-Keung (2010): A Pseudo-Bayesian Model in Financial Decision Making with Implications to Market Volatility, Under- and Overreaction. In: European Journal of Operational Research, 203 (1): 166–175.

Laux, Helmut (2005): Wertorientierte Unternehmenssteuerung und Kapitalmarkt, 2. Aufl. Berlin/Heidelberg/New York: Springer.

Lawler, Gregory F./Limic, Vlada (2010): Random Walk: A Modern Introduction. Cambridge et al.: Cambridge University Press.

Michaely, Roni/Thaler, Richard H./Womack, Kent L. (1995): Price Reactions to Dividend Initiations and Omissions: Overreaction or Drift? In: Journal of Finance, 50: 573-608.

Mill, John Stuart (1874): Essays on Some Unsettled Questions of Political Economy, 2. Aufl. London: Longmans, Green, Reader, and Dyer.

Miller, Dale T./Ross, Michael (1975): Self-Serving Biases in the Attribution of Causality: Fact or Fiction? In: Psychological Bulletin, 82 (2): 213–225.

Moody's (2012): Sovereign Rating Lists. URL: http://v2.moodys.com/moodys/cust/content/loadcontent.aspx?source=staticcontent /businesslines/sovereign-subsovereign/ratingslistgbr.htm&param=all, Abruf am 07.02.2012.

Murphy, John J. (2004): Technische Analyse der Finanzmärkte: Grundlagen, Methoden, Strategien, Anwendungen, 2. Aufl. München: FinanzBuch Verlag.

Murschall, Oliver (2007): Behavioral Finance als Ansatz zur Erklärung von Aktienrenditen. Eine empirische Analyse des deutschen Aktienmarktes. Hamburg: Kovač.

Neumann, John von/Morgenstern, Oskar (2007): Theory of Games and Economic Behavior, 60. Aufl. Princeton, New Jersey: Princeton University Press.

o.V. (2011): Schlussverkauf. In: DER SPIEGEL, 12.12.2011, 2011 (50): 40-70.

Pelzmann, Linda (2010): Wirtschaftspsychologie. Behavioral Economics. Behavioral Finance. Arbeitswelt, 5. Aufl. Wien/New York: Springer.

Perridon, Louis/Steiner, Manfred/Rathgeber, Andreas (2009): Finanzwirtschaft der Unternehmung, 15. Aufl. München: Vahlen.

Schierenbeck, Henner/Lister, Michael (2002): Value Controlling: Grundlagen wertorientierter Unternehmensführung, 2. Aufl. München/Wien: Oldenbourg.

Schira, Josef (2009): Statistische Methoden der VWL und BWL. Theorie und Praxis, 3. Aufl. München et al: Pearson Studium.

Sewell, Martin (2012): Behavioural Finance. URL: http://www.behaviouralfinance.net, Abruf am 08.02.2012.

Shiller, Robert J. (2005): Irrational Exuberance, 2. Aufl. New York: Currency/Doubleday.

Shleifer, Andrei (2000): Inefficient Markets. Oxford et al.: Oxford University Press.

Simon, Herbert/Egidi, Massimo/Marris, Robin/Viale, Riccardo (1992): Economics, Bounded Rationality and the Cognitive Revolution. Aldershot/Brookfield, Vermont: Edward Elgar Publishing.

Sortino, Frank A./Price, Lee N. (1994): Performance Measurement in a Downside Risk Framework. In: Journal of Investing, 1994 (3): 59-65.

Specht, Katja/Gohout, Wolfgang (2009): Grundlagen der Kapitalmarkttheorie und des Portfoliomanagements. München: Oldenbourg.

Standard & Poor's (2012): Sovereigns Ratings List. URL:
http://www.standardandpoors.com/ratings/sovereigns/ratings-list/en/us?sectorName=Governments&subSectorCode=39, Abruf am 07.02.2012.

Stock, Detlev (2002): Zur Relevanz von CAPM-Anomalien für den deutschen Aktienmarkt. Heidelberg: Lang.

Teigelack, Lars (2009): Finanzanalysen und Behavioral Finance. Baden-Baden: Nomos.

Thaler, Richard H. (1994): Quasi Rational Economics. New York: Russell Sage Foundation.

Universität Karlsruhe, Abteilung Finanzmärkte und Informationen (2012): Deutscher Aktienforschungsindex (DAFOX). URL: http://fmi.fbv.uni-karlsruhe.de/148.php, Abruf am 09.02.2012.

Wahren, Heinz-Kurt (2009): Anlegerpsychologie. Wiesbaden: VS Verlag für Sozialwissenschaften/GWV Fachverlage.

Williams, John Burr (1964): The Theory of Investment Value. Amsterdam: North-Holland Publishing Company.

WpHG (2011), Gesetz über den Wertpapierhandel vom 26.07.1994 in der Fassung vom 22.12.2011. In: BGBl. I: 3044.

Zarowin, Paul (1989): Does the Stock Market Overreact to Corporate Earnings Information? In: Journal of Finance, 44 (5): 1385-1399.